超開運法
神さまに応援される人になる

櫻庭露樹×大石洋子
（宮増侑嬉）

ビジネス社

はじめに

この本に出会ってくださってありがとうございます。

本のタイトルどおり、これから「超開運法」、つまり通常の開運を飛び超えてしまう非常識レベルな開運の方法、神様に応援される人になっちゃうための考え方や実践方法を、開運マスター「大王」様こと櫻庭露樹さんからあますところなく存分に教えていただきます！

そこに私、大石洋子（昨年より宮増侑嬉《ゆき》に改名）も僭越《せんえつ》ながら案内役として参加させていただきまして、ちょっとファンタジーな神様の不思議話と、普段お伝えしている潜在意識の働きについての解説を入れさせていただいて、読み進めるうちに自然と楽しく超開運のコツを身につけていただいちゃいましょう！　っていう本になっております。

この本に出会ってくださったすべての皆さまが、人生はいかようにも、より楽しく、よりしあわせに超開運できることを知っていただき、どんなときも、いつも希望をもって生きていけますように。

２０２４年３月

大石洋子（宮増侑嬉）

第1章

目に見えない神様に応援される人になる

対談①　櫻庭露樹×大石洋子

第2章

目に見えないものに導かれて金運に恵まれる

第3章

"目に見えないもの"の力を借りて開運

――櫻庭露樹

第4章

「思考」を変えると「現実」が好転する

——大石洋子

第1章

目に見えない神様に応援される人になる

対談①

櫻庭露樹×大石洋子

人生がつまらないのは誰かのせいだと思っていた

櫻庭　目に見えない存在に応援されれば、人生は成功する。目にも見えないものに支援・応援されなければ成功しない。仮に成功できたとしても、それはごく短期的なもので終わってしまう。これは僕の世界観です。

大石　いつからそう思うようになったんですか？　大王様は、そもそも目に見えないものに敏感なところもあったんでしょうか。

櫻庭　いや、ぜんぜん敏感ではないですね。霊感などないですし。第一、35歳まで神様をまったく信じていなかったですね。というか、神様が本当に嫌いでした。毎年、初詣に行って神様に文句言ってたんだから。

大石　えっ？　どんなふうにですか？

櫻庭　「去年も本当につまらなかった。全部神様のせいですよ」って。

大石 でも、嫌いでも初詣には行かれたんですね？

櫻庭 一応、「ねぇ神様！ 今年こそはマジで頼むよ」ってお願いしておかないと（笑）。どうせ聞いてくれないだろうとは思っていたんですけどね。

大石 でも、それが35歳のときに変わったのですね。

櫻庭 そうです。僕の半生については追々話していきますが、高校卒業後、何度か転職するものの何も続かず、23歳でうつを経験しています。人生を諦めかけたのですが友人や家族の助けもあって、24歳のときに1300万円の借金をして独立しました。開店当初は地獄の苦しみを味わいましたが、30歳でお店が6店舗、年商4億円の企業にまで成長していたんです。

大石 ふつうに考えれば、順風満帆ですよね。

櫻庭 そうなんです。ところが、30歳で離婚することになって一文無しに逆戻りです。子どもの頃から天文学的に貧乏だっただけに、「僕の人生、なんでこんなにツイていないんだろう」と世の中を呪っていたし、神様を恨んでいました。

ただ、その後も店舗ビジネスは続けていて、毎年1店舗ずつ増え、それなりに事業としては成功していたのです。でも、何だろう、心は満たされていないというか、常に「僕の人生はなんてつまらないんだろう」という思いがあったし、いつもどん底の気分でいましたね。

何とかその状況から抜け出したいという気持ちがあったので、30歳を過ぎたあたりから自分の存在意義や使命みたいなものを考えるようになり、どうしたらより良い人生になるんだろうと突破口を模索していました。

大石　その状況からどうやって抜け出したんですか。

櫻庭　35歳と8か月のとき、心学研究家で講演家の故・小林正観さんと出会いました。正観さんが、なぜ僕の人生がつまらないかをすべて教えてくれました。この出会いのおかげで人生が一変したのです。180度変わったといっても過言ではありません。おそらく35歳までの僕とそれ以降では人格も違うと思います。それぐらい正観さんとの出会いは衝撃が大きかったです。

「肯定的な言葉を使う」「ありがとう」「笑顔」

大石　正観さんからは、どんなことを教えてもらったのでしょうか？

櫻庭　それまでの僕は自分の人生がつまらないのは誰かのせいであり、時代のせいであり、環境のせいだといった具合に、すべて自分以外のもののせいにしてきたんです。だけど、正観さんには「あなたが投げかけるものを変えていかない限り、あなたの人生は変わらない」と言われました。そんなことを言われたのは初めてだったので、ガツンと言葉が刺さりました。

そこでようやく気づいたわけです。自分の人生がつまらないのは自分のせいだったんだと。「では、どうすればいいのでしょうか」とたずねました。

最初に言われたのは言葉についてでした。それまでの僕は愚痴、泣き言、文句、悪口ばかりを言っていたわけですが、その言葉をまず直したほうがいいと。**否定的な言**

葉をすべて肯定的な言葉に変えてみてはどうか？　と言われました。そして「ありがとう」という言葉をもっと口から発してみてはどうか？　笑顔でいる時間を増やしてみたらどうか？　とアドバイスを受けました。正直、最初はどれも意味がわかりませんでした。そんなことではたして人生が好転するのかと疑問もあったのですが、僕はけっこう根が素直なので、言われたことをその瞬間から実践しました。

大石　言われてすぐに実践されたんですね。素晴らしいです。

櫻庭　いや、本当にかなり切羽詰まっていたので、どうすればいいのか具体的な手立てを早く知りたかったのと、正観さんの言葉に衝撃を受けつつも、腑に落ちるところも多々あったんです。ああ、この人についていこうと覚悟を決めたわけです。

大石　ついていこうと思わせてくれる何かがあったわけですね。

櫻庭　そうです。正観さんは「まず自分の使命を知ることが大切。その使命を知るためには頼まれごとを引き受けること。頼まれごとをされるために3つのことをやってみてください」と言って、先ほどの否定的な言動はやめることと、「ありがとう」と「笑顔」の3つを提案してくれたわけです。

ただ、この3つをどれくらい続ければ僕の人生は変わるのかとたずねたところ、「3年」と言われて愕然としました。だけど、実践しなければ3年後も今と変わらない人生です。それだけは嫌なので、ならば今すぐやらないとダメだなと。そこで人格を180度変えたんです。翌日、出社して笑顔で元気良くあいさつしたら、スタッフにひどく気味悪がられました。「何かの宗教にでも入ったんですか?」と言うスタッフもいたほどです（笑）。

大石　でも、周囲の反応をよそにちゃんと続けたわけですね。

櫻庭　もちろんです。「24時間、笑え」と言われたのですが、寝ているときは笑えないので、寝る前に鏡の前で笑顔をつくってセロテープで固めて寝ました。けっこうアホですよね。当然、

大王様のサロンで行われた、本書の取材時の様子。

朝起きたらテープは全部はがれていました（笑）。

それと、「ありがとう」は、年齢×1万回言えば、奇跡が起きると言われたので35万回を目指しました。野鳥の会の方が鳥を数える際に使うカウンターも購入し、「ありがとう」を言ってはカウントする。それをずっと続けました。

そして、ちょうど35万回を言い終えた頃に、「ちょっと話してもらえませんか？」と講演を頼まれたのです。**正観さんの教えどおりのことが、たった3週間で訪れたことに衝撃を受けました。**そんなこともあって、神様とか目に見えない存在を信じるようになったのは、正観さんと出会った35歳からなんです。

神様は自分が一番欲しいものをくれる

大石　大王様はトイレ掃除も大事にされていますよね。これも正観さんに言われたことですか？

櫻庭 直接、言われたのではないのですが、正観さんの著書に「トイレ掃除をすると臨時収入がやってくる」と書いてあったので、これはぜひとも実践しようと思って始めました（笑）。

実は、それまで35年間生きてきて、僕は自分でまともにトイレ掃除をしたことがなかったんです。当時、一人暮らしだった僕の家のトイレ、それはもうひどいもので3億年の化石となってましたね（笑）。使用後にトイレのフタを閉めたのも初めてでしたが、それも正観さんの本に「トイレは使うたびにいつもピカピカに。そして必ずフタを閉めるといい」と書かれていたからです。そんなことで臨時収入が入るんだったらお安いご用ですよね。毎日やろうと思い、あの頃はトイレに行くたびに掃除していました。

ただ、後日、正観さんの別の著書を読んだら「トイレは素手で掃除すると、臨時収入の0が1個増える」と書いてありました。「嘘だろう⁉」と目を疑い、そんなことができる人がこの世に存在するわけがない！　と思っていました。ところが、正観さんの講演会へ行ったとき、実際にトイレを素手で掃除している軍団に遭遇したんですよ。「本当にこんな人たちがいるんだ」と心底感動し、僕も素手でトイレ掃除をするようになりました。

大石　なぜ、トイレ掃除をすると臨時収入が入るのですか？

桜庭　トイレは宇宙とつながっているからです。そう教えてもらいました。「トイレの神様」という歌が昔、流行りましたが、本当にトイレに神様がいるんです。烏枢沙摩《うすさま》明王《みょうおう》様といいます。この方の存在を意識し、掃除しながら感謝の思いを伝えると、なぜか不思議なことが起こるんです。実際、「トイレ掃除をして臨時収入が入った」とか「プレゼントをいただいた」といった人たちの体験談をたくさん聞きました。

大石　大王様も臨時収入が入ったんですか？

桜庭　実は残念ながら、僕には臨時収入はありませんでした。まあ、その頃はそんなにお金に困っていなかったし、しかたないかなと思っていました。

でも、あるときふと気づいたんです。そういえば、最近すごい人とばかりご縁があるなと。そのとき、烏枢沙摩明王様はその人が一番欲しいものをくれるんだとわかりました。当時の僕が心底欲しかったのは人とのご縁だった。正観さんのように自分の人生に影響を与えてくれる人たちと、もっと知り合いたいと内心思っていたんです。

トイレ掃除を始めて数か月経った頃から、自分の人生でまさか出会えるはずはないと思うような人たちとなぜか出会うようになり、いつの間にかご飯に行ったり、一緒に仕事をしたりできるようになったんですよね。

大石　人との出会いって今でも不思議だなと思います。大王様は正観さん、そして烏枢沙摩明王様に導かれて、いろいろな人と出会うことができているんですね。

櫻庭　洋子師匠との出会いも烏枢沙摩明王様がもたらしてくれたものだと思いますよ。一緒にツアーなどもさせていただいていますが（82ページ参照）、いろいろとおもしろいことが起きていますから。結局、その人が一番化学反応を起こすような人を連れてきてくれるんだなと思います。

人生の肝は誰と出会って誰と過ごすか、です。この人を連れてくれれば、その人の人生に化学反応が起きて、おもしろい現象が起きるというような人を引き合わせてくれるというか。これはもう言葉では説明できないもので、すごくおもしろいですよね。

神様は継続できる人が好き

大石　先ほど、臨時収入が入ると知ってトイレ掃除を始めたとおっしゃいましたが、最初はそんなよこしまな気持ちでも烏枢沙摩明王様は許してくださるのでしょうか。

櫻庭　ぜんぜん大丈夫だと思います。大前提として、実践するときは下心から始めていいのです。そもそも僕を含めて人間て未熟な生き物ですよ。そんな人間が、結果が出るのかどうかわからないことを真面目に続けるのは、聖人君子でもない限り、けっこう難しいことです。

僕自身、トイレ掃除を始めた当初、頭の中は「臨時収入、臨時収入」という言葉でいっぱいでした。素手でトイレを掃除したのも「0が1個増える」と知ったからです。もう欲の塊ですよね。**でも、最初は心は真っ黒でもいいんです。野心も下心もＯＫ。まずは実践することが大切なんですよ。そして実践し続けていくとそれが習慣になる。**

それが習慣になったときに、おもしろい現象が降りかかる。そんなルールになってるんじゃないのかなと勝手に思っています。

ちなみに「ありがとう」を年齢×1万回言うと奇跡が起こるという話をしましたが、正観さんには「『ありがとう』を言うときに、いちいち感情を込めなくてもいい。ご飯を食べながら、テレビを見ながらでもいいから、『ありがとう』と言い続ける。それが大事です」と教えてもらいました。

確かに1回1回感情を込めて誰かに言おうとすると、「ありがとう」を言い続けるのはかなり難しいですよね。**気持ちよりもまず実践。継続できる人を神様、すなわち目に見えないものたちは好きだし、応援してくれるんだと思います。**

大石 確かにそうかもしれません。神様は多少心が未熟でも、素直に実践する人に対してえこひいきしてくれるところがあるように思います。大王様のお話を聞いてますますそう感じました。

人の縁を求めるならまず笑顔を心がける

櫻庭　洋子師匠は人とのご縁を神様からいただけているなあと感じるようになったのはいつからですか？

大石　不思議な出会いが始まったのは高校卒業後、千葉の大手百貨店で販売員として働き始めた頃ですね。社会人になるタイミングだったのもあって、いろいろ本を読みました。それでどんな仕事でもできるだけ楽しく、喜びをもってやろうと決めたんです。幸い、仕事もそんなに難しくなかったので、とにかく機嫌良く楽しくやることを心がけました。

それと、その頃に行った歯の矯正も大きかったです。喋るときに口角を上げて笑顔をつくらないと、歯にひっかかってうまく喋れなかったんです。矯正したおかげで笑顔をつくる習慣ができて、それ以降、「笑顔がいいね」とよく言われるようになりました。

気づいたら、たくさんのお客様に可愛がっていただけるようになっていたんです。それはうれしかったですね。何があってもご機嫌を心がけ、笑顔で気持ち良く仕事をしていたら、こんなに良い流れがつくれるんだということを、そこで学びました。

櫻庭 いい話ですね。何はともあれ、まずは「笑え」ってことでしょう。

大石 仏教の本に「和顔施《わがんせ》」という言葉があるんです。人に対してにっこりと微笑みながら話しかけると、自分にも他人にも施しがあるという意味らしいです。お金も何もない人はまず和顔施をしましょうっていう。

櫻庭 笑顔こそが運気をもたらす。正観さんの教えを20歳前後ですでに実践していたんですね。さすがです。確かに、洋子師匠の笑顔は人を和ませてくれる力があります。

突き抜けるまで頑張ると幸運を引き寄せる

大石　神様というか、目に見えない応援者に守ってもらえる人になるコツってどんなことだと思いますか？

櫻庭　素直さと可愛げではないでしょうか。人生を変えるのは出会いだと思うんです。誰と出会うか。その采配を振るう神様だってけっこう大変ですよ。

それでも神様に〝何とかこいつの人生を変えてやりたい〟と思ってもらえる自分でいるかどうかで、出会いの内容も変わってくると思うんです。この人との出会いがあったから今の自分がいると思えるような出会いもあれば、この人と出会ったせいで自分の人生ボロボロになったということもあるわけじゃないですか。

こいつの人生を何とか良い方向へ変えてやりたいと神様に思ってもらうためには、アホになって、素直になって行動するしかないと思う。プラス可愛げ。可愛げはさっきの笑顔がステキという話にも通じるところがありますね。

大石 アホについて詳しく聞きたいです。

櫻庭 まあ、良い意味でその人の持っているキャラクターっていうことかな。僕は昔から自分をアホだと思ってますから。だって、トイレも自分の家だけでなく、公衆トイレだって何だって掃除し続けたし、「ありがとう」も何年も何万回と言い続けた。これも考えたらアホだからできたんです。人と同じことをやっていてもダメだと思って一心不乱にやり続けた。それができる人をアホという感じかな。

大石 そこまでできる人はなかなかいませんよね。突き抜け方が人と違うように思います。

櫻庭 そう。**突き抜けないと人生は変わらない。〝誰でもできること〟を〝誰にもできないくらいのレベルまでやり抜く〟っていうのが僕のやり方なんですよね。**

大石 突き抜けるまでやり通すことに、大王様は葛藤が少ないということですね。

櫻庭 そうです。僕の名前「つ・ゆ・き」って母音のウが続くでしょ。こういう名前の人って、コツコツ努力を積み重ねることができる人なんですよ。というか、そういう気質もあるので、トイレ掃除も「やったところで、良いことが何もないよな」って思いながらもふつうに続けられるんです。

大石　でも、大王様がそこまでコツコツ努力を重ねることができるのは、資質だけではないような気がします。

櫻庭　そうですね。やはり僕はどうしても自分の人生を変えたいという思いが強かったと思います。どうしても変わりたい。そのためには正観さんに言われたことを愚鈍に愚直に突き抜けるまで実践するしかないと思っていたんですよね。

よく「自分の人生を変えたいんです」と言う人がいますが、そういう人たちを見ていてたまに思うのは、どこか気持ちが中途半端。言葉で言っているだけでは人生なん

YouTubeなどで何度も対談しているけれど、話題は尽きない。

て何も変わらないですよ。すべて実践です。

もうダメだというときに助けてくれる人が現れる

大石 先ほど、神様に味方されるためには、可愛げも必要だという話をされていましたが、もう少し詳しくお聞かせいただけますか？

櫻庭 はい、これを話し出すと長いですが、いいですか。

大石 もちろん（笑）。

櫻庭 僕は本当に貧乏というか、極貧の家で生まれ育ちました。親父が莫大な借金を抱えていましたし、水道や電気、ガス代が払えず、止められることもしばしば。当然、物心ついたときから「うちは本物の貧乏なんだ」と気づいていました。

実際、生活費を稼ぐために9歳から新聞配達をして働いていましたし、中学へ入ってからはお金になることなら何でもしていました。高校時代はありとあらゆるバイトをいくつも掛け持ちし、卒業後はファミレスへ就職。厨房で働いていたのですが、マニュアルどおりの仕事をこなすだけでつまらなくて3年半で辞めました。

とにかく貧乏で子どもの頃から働かなければならなかったので、どこか自分の人生を呪いながら生きていました。ファミレスを辞めてからは何の仕事をしても長続きしません。いったい何か所クビになりましたかね（笑）。最後は弁当を配達する仕事に就いたものの、企業に届けるお弁当をひっくり返してしまいクビ（笑）。それ以降はもう生きていく自信がなくなり何も手につかずうつ状態でしたね。

大石 今の大王様からは想像つかないですね。

櫻庭 うつになって夢も希望もなく、かといって人に使われるのはもうイヤだと思って自暴自棄になりかけていたときがあったんです。

でも、そのとき、僕の命を救ってくれた友人がいました。彼の励ましのおかげで徐々にメンタルも回復し、何とか自分で頑張ってみようとフランチャイズに加盟して店を出すことにしました。そのために1300万円の借金もしました。

ところが、4月に店をオープンしたけれど、まったくお客さんが来ません。売上げも4月は220万円（トントンで利益なし）、5月170万、6月140万と、どんどん減っていきました。しかも、当時、結婚をして妻のおなかには赤ちゃんがいたんです。借金を返さないといけないし家族も養っていかないといけない。このままでは生きていくことすらままならない。いっそのこと店をたたもうと思って佐川急便に履歴書を送ったくらいです。

でも、そのとき、ポッと助けてくれる人が現れたんです。フランチャイズの中で、群を抜いて売上げを出していた店舗の社長です。佐川に履歴書を送る前に、そのお店へちょっと偵察に行ったことがあって、挨拶させてもらっただけだったんですけど。そうしたら、その社長が僕の店が心配になったみたいで、ふらっと見にきてくれたんです。社長のやり方を伝授していただき、実践したらすぐに売上げが回復。何とか店をたたまずにすみました。

そんなふうに20代に、窮地に立たされると必ず誰かがパッと現れて僕のことを助けてくれるというのが4回あったんです。

大石　もうダメだっていうときに現れるわけですね。

櫻庭　そう。20代の頃はぜんぜん気づかなかったけれど、今思うと目に見えない存在の何者かが、自分のことを助けてくれていたんですよね、きっと。でなければ4回も現れないですよ。

大石　そうですね。でも、どん詰まりになったときにふっと助けてくれる誰かが現れる人と現れない人がいます。

櫻庭　だから、それが可愛げだと思うんです。誰かに助けてあげたいと思ってもらえるか、「まあ、頑張れ」と言われるだけで終わってしまうのか。自分に置き換えて考えてみるとわかると思います。**「こいつ何とかしてあげたいな」と思う人って、いるじゃないですか。それはもう、やはり可愛げでしかないですよね。**

大石　確かに大王様は茶目っ気があって可愛げがありますよね。

可愛げは予想以上の効果を発揮する

櫻庭　幼少期に新聞配達をしていたとき、商店街の人たちにすごく助けられたんですよね。自分ではまったく意識していなかったのですが、いつも明るく元気に「読売新聞です！　夕刊でーす！」と言って走って配っていたんです。そうしたらあるとき、商店街にある外科医院で看護師さんに呼び止められて、「君はいつも元気にあいさつをしているね」と褒められ、頭をなでてもらいました。また、呉服屋の女将さんは毎日違う種類の和菓子を僕のために用意してくれていて、新聞を渡すたびにその和菓子をくれました。

何よりすごかったのはスポーツ用品店の社長です。その店のウィンドウには、当時大人気だったアニメ「キャプテン翼」の登場人物、若林源三スタイルのマネキンが飾られていました。アニメのように帽子からシューズまですべてアディダスで統一されています。僕は若林源三が大好きだったので、ウィンドウのガラスに顔をくっつけて、毎日毎日「欲しいなぁ〜」と、そのマネキンを眺めていました。

そうしたらあるとき、その社長がマネキンの帽子を取って僕の頭にのせてくれたんです。「お前いつも頑張ってるからな、これやるよ」と。僕は「いや、そんなのダメですよ。いつかお金を貯めて買いにきますから」と断ったのですが、「いいから、持っていけ」と言ってくれたんです。

大石　神様がきっと櫻庭少年を「何とかしてやりたい」と思ったんでしょうね。

櫻庭　だと思います。さらにもっとすごかったのは中華屋さんです。我が家は食べるのもままならない状況だったので、僕はいつもおなかを空かせていました。特につらかったのは給食のない土曜日なんです。

なので、僕は土曜の夕方、中華屋さんへ新聞を配るとき、いつもおばちゃんに「ちょっと休ませて」と言って店に入れてもらっていました。そこで何をするかというと、ラーメンを食べているお客さんをじーっと眺めるんです（笑）。そんな僕を見かねておばちゃんが「ラーメン食べるかい？」と声をかけてくれて。

そんなこんなで、かれこれ4年間ほど毎週土曜日は中華屋さんでお世話になりました。大人になって御礼を言いたくて見に行ったら、もうなかったのが残念でした。

大石　中華屋さんが「休んでいっていいよ」って言うのがすごい。たぶん、おなかを空かせた櫻庭少年から、殺気に近い、強いオーラというか、そういうものを感じ取ってくれたんでしょうね。でも、それも神様の采配のような気がしますね。

櫻庭　切羽詰まっていたから、恥ずかしがっている場合ではなかった。物欲しげに見ていれば、くれるんじゃないかっていう発想は、切羽詰まった人間にしか思い浮かばないです。今考えてもあの頃の自分は相当かわいそうでしたよ。

大石　でも、自分から「ラーメンを食べさせて」とは言わない。甘えるのが上手だったというか（笑）。きっと可愛かったんでしょうね。

櫻庭　確かに当時から可愛げの演出がうまかったのかも（笑）。日本人は真面目だから、甘えるのが下手ですよね。素直に無邪気に甘えるところは甘えたほうがいいんです。それが可愛げにつながっていくわけですから。**僕自身、可愛げのある人は絶対に助けたいと思ってしまいますね。**日常生活の中でも可愛げの演出って、実はすごく大事なことじゃないかなと思っています。

思ったことは素直に口にする

大石　大人ができる可愛げの演出方法って、何かあります？

櫻庭　大人になって中華屋に入って、食べている人をじーっと見ていたら、さすがに「お前、帰れ」となるかもしれないけれど、大人なりの可愛げの演出法はいくらでもあると思いますよ。

大石　でも、どうすればいいかわからないっていう人は多いはず。「これが欲しかったんですよね」とか、「これがやってみたかったんですよね」って、実は大人になればなるほど言えなくなるような気がします。ちょっとハードルが高いというか。

櫻庭　難しいと思い込んでいることが良くないんじゃないですか？

大石　要は言い方なんでしょうか。大王様は今でも可愛く言える天才ですよね。

櫻庭　それはわからないけれど（笑）。最近は物欲はないし、ありがたいことに欲しいものは自分で買えるので、人にお願いごともしません。ただ、思っていることは口に出して言うようにしています。そうでないと誰にも何も伝わらないので。思ったら素直に言えばいいんですよ。それこそアホになって素直に、笑顔で。夢があるなら、確証がなくても、思いつきでもいいからいっぱい喋ったほうがいい。「それなら、こんな人がいるよ」と紹介してもらえたり、どこで誰とつながるかわからないですから。

大石　そうですね。口に出して言うことは大切ですね。

人に喜ばれることを無心で考え実践する

櫻庭　先ほどトイレ掃除の話をしたけれど、僕自身は霊感はないから、トイレの神様である烏枢沙摩明王様がどこにいるかはわからないけれど、烏枢沙摩明王様に喜んでもらうにはどうしたらいいかを考えながら掃除していましたね。

自分で言うのも何なんですが、そんなふうに誰かに喜んでもらうことを考えて行動していることが、人としてすごく可愛いことだと思うんですよ。

大石　烏枢沙摩明王様に喜んでもらうために、どんなことを考えられたんでしょう？

櫻庭　いやあ、トイレのどこにおら

れるのかわからないわけですが、まずは笑顔だと思って、ニコニコしながら掃除しましたね。あとは意味もなく便器をハグしてみたりとか。いろいろ模索しつつ、いろんなことを試させていただきました。

大石　大王様の可愛げの演出って、本当に茶目っ気がありますよね。烏枢沙摩明王様はクスッと笑って楽しんでくださっていたのではないでしょうか。しかも、大王様の可愛げには「相手を喜ばせたい」という気持ちが核としてあります。可愛げを演出したつもりでも、なかなか自分の思いどおりにいかないというのは、〝自分がどう思われるか〟が先に来てしまっている場合のような気がします。ちょっと媚びを売っているような感じというか。

櫻庭　確かにそうかもしれませんね。僕は、烏枢沙摩明王様はトイレにいつも一人でいて、たぶん退屈しているだろうなと思ったんですよね。だから最初の頃はマンガを置いたり、寂しくないように電気をつけっぱなしにしたりしていました。テレビを置こうかなと考えたこともありましたよ。実際にはやりませんでしたけどね（笑）。

大石　最初は臨時収入のためのトイレ掃除でしたよね!?　それが途中から意識がガラ

ッと変わったということでしょうか。

櫻庭　そう、最初は確かに損得勘定でやっていたんです。たぶん、35歳当時の僕は公衆トイレの個室を1日に10個ほど掃除していたんじゃないかな。駅のトイレに入るとたいてい4つぐらい個室があるので片っ端から掃除し、そのたびに頭の中でそろばんをはじいていました。だから見た瞬間にきれいだと掃除しなかったことも（笑）。

たまに〝場外ホームラン〟のごとく、汚れているところを見つけると嬉々として掃除をしていました。「あ、これで3万円かな」と計算して。自分は用を足さないのに掃除だけして帰ることもありました。烏枢沙摩明王様が「お前、すげえな」と褒めてくれるのではないかと思って。

大石　ゲーテは1800回、ラブレターを書いて詩の天才となったといわれていますが、大王様は1800回以上トイレを掃除したから、トイレの神様に愛されたわけですね。

櫻庭　愛されたかどうかはわからないですが（笑）。ただ、ある日のことです。友だちと駅で待ち合わせしていたら電話が鳴って、「櫻庭、ごめん。20分ぐらい遅れる」と。

「いいよ、いいよ、待ってるから」と言って電話を切ったら目の前に公衆トイレがあったんです。20分もあるからトイレ掃除をしようと思って男性用の個室の３つの便器をきれいにしたんです。で、待ち合わせの場所に戻ってふと気がつきました。「あれ、最近、ぜんぜんお金の計算をしてなかったな」と。先ほども話したけれど、やり続けていると突き抜ける瞬間があるんです。山がそこにあるから登るんだというのと同じ。そこにトイレがあるから掃除をするんだ、みたいな感じになって。

そうなってから、起きる現象がいろいろ変わっていった気がします。偉大なる方々との出会いもたぶんそのあたりから。大きな臨時収入こそ入ってこなかったけれど、それをはるかに上回る、素晴らしい出会いを烏枢沙摩明王様はくださったと感謝しています。

大石　大王様の話をうかがっていると、ふとした瞬間にそういう気づきを与えてもらえることもまた、目に見えない何かが応援してくれているからのような気がしますね。

「MUST」を手放すと神様は微笑んでくれる

櫻庭　先ほども話しましたが、僕は35歳のときに正観さんという師匠と出会い、人生が180度変わりました。生きるのが本当にラクになったし、楽しくなった。人生ってこんなにも素晴らしいんだと思えるようになりました。そういう瞬間って、実は誰にでも訪れるものだと思うんです。それに気づけるか気づけないかだと思います。

大石　でも、世の中の大半の人は苦しんで生きていますよね。

櫻庭　**苦しみの根本にあるのは執着だと思うんです。「こうあらねばならない」という執着があるから、苦しみが生まれてしまうわけです。**もっとファジーに生きていけばいいんですよ。

洋子師匠はいかがですか？　生きることがラクになった瞬間とかありましたか？

大石　今から十数年前に離婚し、これからどういうふうに生きていこうかといろいろ考えたとき、『ザ・マジック』（ロンダ・バーン著　山川紘矢・亜希子、佐野美代子翻訳　KADOKAWA刊）という本に出会いました。この本に、あらゆることに感謝するというワークがあったんです。それこそ人生に行き詰まっていたし、小学2年生になる子ども一人を抱えて、この先どうやって生きていこうかと切羽詰まっていたので、藁にもすがる思いでそのワークに取り組みました。すると、ワークを進めていくうちにどんどん人のせいにする気持ちが抜けていったんです。**こういうふうに感謝ベースで生きていくと、こんなにラクに物事がまわるようになるんだという体感がありました。**

今思えば、それが私の人生の流れが変わった出発点でした。

櫻庭　そう思うのはどうして？

大石　起きてしまった出来事に対して、それまでは「なぜなの？」「どうしてだろう？」と思っていたのが、「あの出来事のおかげでこんな自分になれたんだな」「こういうことに気づけたんだな」と物事の見方、考え方が、そのワークで変わったんです。見方、考え方が変わると自分の運気も変わる。そう実感できたからでしょうね。

櫻庭　洋子師匠はそのとき小学2年生のお子さんがいたわけでしょう。

大石　そうです。しかも、当時は手に職があったわけでもないですし、もちろんお金もありませんでした。

櫻庭　それなのに家を出る決意をした。これってすごいことですよ。ふつう、そんな勇気ないですよ。失礼ですが、お金がなかったとおっしゃったけれど、それでも多少はあったと思います。具体的にいくらぐらいあったんですか？

大石　貯金が100万円でした。家を借りたら一瞬にして消えて、最初の月でもう30万円を切っていたと思います。当時は専業主婦だったので働き口もまだ決まっていませんでした。

櫻庭　そんな状況だと家を出たくても出るのを諦めてしまう主婦の方、たくさんおられると思います。洋子師匠の決断力、行動力はすごいですね。養う子どもがいて、仕事もお金もないのに家を出るなんてできないです。

大石　ふつう、離婚して子どもがいたら実家へ戻るという選択肢になると思うんです。でも、当時の私は実家の両親ともめちゃくちゃ仲が悪くて、悪すぎて実家に帰ることができなかったんです。だから本当に追い詰められた状況でした。それが逆に良かったと今になって思います。できることは何でもするという気持ちになれたわけですから。

それはもう、『ザ・マジック』のワークにも真剣に取り組みましたよ。これで人生が変わるんだったら、やってやろうじゃないかって。追い詰められていたことで本気度が尋常じゃなかったですね。

櫻庭　やはり切羽詰まった人って強いんですよ。

大石　本来は切羽詰まる前に自分の人生を変えることができたらいいんでしょうけど、**追い詰められる、退路を断つことが人生を大きく変えることにつながると、自分の経験を通して実感しています。**もし、実家に帰っていたら、両親とケンカをしながらも住む家はあるし、食べるご飯はあるしっていうぬるま湯の中で、今もゆるゆると過ごしていたかもしれませんね。

この人だと思ったら、素直に言うことを聞く

櫻庭 僕は正観さんと出会って人生が変わったというお話をさせていただきましたが、洋子師匠もそういった自分を変えてくれる人との出会いはありましたか?

大石 何だか気を使っているようにとられてしまうかもしれませんが、私は大王様との出会いが大きかったです。

櫻庭 そんなふうに言っていただけて光栄ですが、どうしてそう思ってくださるんでしょう? 私、何もしてませんよ(笑)。

大石 大王様と出会ったのは2年ぐらい前です。それから大王様が主宰するYouTubeチャンネル「開運マスター櫻庭露樹の運呼チャンネル」やオンラインサロンでの講演会などに呼んでいただくようになり、一緒にツアーにも出かけるようになりました。

その中でも私が「大王様についていこう！」と思った出来事がありました。

昨年、湯島にある大王様のツタンカーメンサロンで、大王様が不在にもかかわらず、私は大王様の相方ユーチューバー・邪兄《ジャニー》さんとともに、翻訳家の山川紘矢・亜希子夫婦と対談をさせていただくことができたんです。

山川ご夫婦は私の人生を変えてくれた『ザ・マジック』という本の翻訳を担当された、本当に尊敬すべきお二人です。ただ、当初はご主人の紘矢さんだけが来てくださることになっていました。私個人としては奥様の亜希子さんにもお会いしたかったのですが、ご高齢だし、お忙しかったら申し訳ないと思って言い出せずにいました。

そんな私の気持ちを察してか、大王様から「亜希子さんも呼んだほうがいいよ」とLINEで指令が届いたんです。大王様がそう言ってくださるなら……とお願いしてみたら、ご夫婦からすぐにOKのお返事が届きました。

しかも、「お客さんを呼んで公開にしたほうがオンラインサロンの会員さんもきっと喜ぶだろうから、公開対談にしてごらん」と大王様。それも山川ご夫婦にお願いしたらご快諾いただけました。当日は最後に参加者みんなでスピリチュアルダンスをしましょうということになり、大盛り上がり。山川ご夫婦にも喜んでいただけましたし、会員のみなさんも楽しそうでした。

この出来事をきっかけに私は本気で大王様についていく、というか、大王様の言うことは聞こうと決めました。大王様が正観さんに言われたことは何でもやると決めたように。

決して自分の憧れの人に会わせてくださったからではありません。私たちって、やる前からつい「それはできません」と決めつけたり、無理をしないでやりすごそうとしがちです。だけど、言われたことを「無理です」と突っぱねないでチャレンジしてみたことで、本当に貴重な経験を得ることができました。

何より大王様が「亜希子さんも呼んだほうがいいよ」と言ってくださったのは決し

とっても素敵な山川紘矢・亜希子ご夫妻と。

て私のためだけではなく、亜希子さん自身、そしてお客さんが喜ぶからという気持ちから発せられたことだと思います。そこにも感動しました。誰よりも他人のことを考えてくれる大王様の言うことだからこそ、言われたことは守ろうと思ったんです。だからお世辞でも何でもなく、大王様にとっての正観さんは、私にとっては大王様なんですよ。

櫻庭　それは光栄です。でも、僕も正観さんが言うんだから間違いないと信じて行動することで、いろいろなことが良い方向へ動いたわけです。この人だと思う人の言葉を信じて動くというのも、目に見えない力を味方にするポイントかもしれませんね。

Column

不思議なおばあさんと神様のお話

大石洋子

ここでは、これまであまりオープンにしてこなかった、ちょっと不思議なお話をします。

実は私、神様とお話ができるおばあさんと知り合ったことがきっかけで、そのお使いのようなことをしています。

始まりは20歳のとき。明治神宮で一人のおばあさんに偶然出会いました。そのおばあさんがお参りをしている姿を見たとき、何だかよくわからないのですが、「あ、この人は絶対に神様と話せる人だ」と直感し、話しかけたら「そうだよ」と。それまで見知らぬ人に声をかけたことなどありませんでした。ましてや、唐突に「神様と話せますよね」なんておかしなことを言ったりしたことはありません。

でも、なぜか声をかけてしまったのです。

おばあさんは茶色のジャージを着て、日よけ付きの帽子をかぶっていました。ちょっと眩しいのかサングラスをしていましたが、小柄でごくふつうのおばあさんという感じの人です。

おばあさんと一緒に神様を訪ねる旅に

私から声をかけたのがきっかけで何となく意気投合し、おばあさんは私にいろいろ話してくれました。

何でもおばあさんは、代々神様が降りてくる家系の出身とのこと。あるとき、出口王仁三郎《でぐちおにさぶろう》さんと、その義母なおさんが亡くなられてずいぶん経った頃に、二人がおばあさんの夢枕に現れ「(京都の) 綾部に来てくれ」と言われたそうです。

出口王仁三郎さんとは、戦前の昭和を席巻した新宗教・大本教《おおもと》のリーダーです。明治4年(1871年)に京都の亀岡市に生まれ、子どもの頃から神童・八つ耳といわれるほど特別な霊能力を持ち、26歳のとき、亀岡市の霊山・高熊山で霊的修行を行い、救世の使命を自覚し、大本の基礎を築いています。

　そして、出口なおさんこそが、実は大本教の開祖。王仁三郎さんは彼女の五女と結婚しています。

　そんな二人のお告げに従い、綾部にある大本教の墓地を訪ねたところ「自分たちは最後につぶされてしまったけれど、志を継いであなたに神様のお使いを続けてほしい」と頼まれたそうなんです。しかも、「大ごとにするとまたつぶされてしまうから、こっそりやってくれ」と言われたとか。おばあさんは、「もう悠々自適で身軽なのでいいですよ」と快諾し、年金で日本各地をめぐっているとのことでした。

　そんな話を聞き、私もおばあさんと一緒に日本各地をめぐってみたくなりました。それで「神様のお使いをする旅に、カバン持ちみたいな感じで私も同行させてください」とお願いしました。

　そこから、おばあさんと二人で神様のお使いをする旅に出ることになったのです。

神様に直接お願いごとをされるように…

おばあさんのところには、有名な占い師さんをはじめ、芸能人、政治家などが訪ねてきて話を聞いていました。実は、神様と対話ができるということで、その界隈では有名なおばあさんだったのです。

ただ、おばあさんの話に出てくる神様は、聞いたことのない名前ばかりですし、メッセージもまったくちんぷんかんぷんでした。それでもすべて本当のことだと思えたのが今でもとても不思議です。

日本中を旅しましたが、無名の神社が多かったです。地図にも載っていないような山の中にある、小さな小さなお社の神社ばかりでした。

おばあさんは神様に言われたお水、お酒、昆布、豆などを人目につかないようにお供えして、お参りをすると、神様の打ち明け話を聞いているようでした。

もちろん、その声は私には聞こえませんでした。でも、おばあさんが「神様がこんなことを言っていた」と教えてくれるので、それをノートにまとめたりといった作業はしていました。

そうこうしているうちに、私の夢にも神様が現れるようになり、そのうち、起きていても、神様がいろいろなメッセージをくれるようになりました。それで、おばあさんが亡くなったあとも自分のできる範囲でその活動を継いで、あちらこちらへ出かけていくようになったのです。

そんな活動をかれこれ30年近くやってきました。

途中、離婚した頃に8年間ぐらい中断した時期がありましたが、がんになったことをきっかけに活動を再開しました。

伊豆大島の海から神様のSOS

最初に私が見た神様の夢は、伊豆大島のすぐそばの海で溺れて困っている神様で、「助けにきてほしい」とSOSを発信していました。早速おばあさんに相談しましたが、当時、あちらこちらの神様からの要請に追われていたこともあって、「今、伊豆大島には行けない。でもときが来たら、必ずうかがいますので待っていてくださいね」と、おばあさんが伊豆大島の神様に話をして、手を合わせました。

それきり、この伊豆大島の神様のことはすっかり忘れてしまっていたのですが、2年ほど前、鎌倉の海を眺めているときにふっと思い出したんです。それで伊豆大島の神様に改めて「どのようにお助けしたらいいですか?」とおたずねしてみました。すると、「大根を引き上げるように」とおっしゃったのです。

大根を引き上げるようにって言われても……? いったいどうすればいいのかわかりませんでした。

神様は人間を孫のように愛している

伊豆大島には一人ではなく、友だち何人かを誘って旅行を兼ねて出かけていきました。その中の一人が伊豆大島に詳しく、見晴らしの良い観光スポットに連れていってくれました。そこでみんなで手をつないでジャンプしながら記念写真を撮ることにしたのですが、みんな妙齢なので、運動神経とジャンプ力がおぼつかず、うまく撮れません。いくらジャンプしても誰かが足を着いていたり。ぜんぜん揃わないねと大笑いしながら、何度もシャッターを切りました。

そんな様子を神様は見ていたようで、あとで神様から「救われた」というメッセージが届きました。みんながジャンプする様子が、あたかも大根を引っこ抜くような感じだったと。そのエネルギーで浮上することができたと感謝されました。

私たちは神様からいろいろ与えてもらおうとしがちですが、神様自身もまた人間のエネルギーから、元気をもらっているんでしょう。神様にとって人間はまさに可愛い愛児みたいなもの。神様がつくった最高傑作が人間だととらえておられる感じなんですね。子どもである人間に気にかけてもらって、エネルギーをもらえることが何より力になるみたいです。私たちも小さな子どもを見たら、無条件に可愛いって思いますよね。あんな感じなんだろうなと想像しています。

おばあさんはよく腹の底から湧き上がってくるような感覚で、神様の声が聞こえたと話していました。私にはその感覚はなく、胸のあたりから響いて聞こえてくる感じです。この伊豆大島でも神様が喜んでくれているのがちゃんと伝わってきました。

人間に理解してもらえることで神様も救われる

伊豆大島の神様が夢に出てきたのが始まりで、さまざまな神様が夢に出てきては、お使いごとを直接頼まれるようになっていきました。私に未来のことや過去のことについて教えてくれるのはマツダイヒノオウアメノオオカミ様という神様で、おばあさんにメッセージをくれていた方です。

実はマツダイ様から「〝どこでもドア〟をたくさんの人に持ってもらうように」と言われたことがありました。

〝どこでもドア〟は『ドラえもん』に出てくる不思議な道具のドアです。どんなに小さいものでも、レゴブロックでつくったものでも何でも良いそうですが、ドアがちゃんと開くものが良いそうで、それを身近に置いていただくことで、良い神様が出入りできるゲートが増えるのだそうです。

新海誠監督の映画『すずめの戸締まり』は、悪いものが入ってこないように戸を閉める物語でしたが、マツダイ様がいう〝どこでもドア〟は良い神様が出入りできるドアで、それをあちらこちらにつくることも大切なことと言われ、たくさんの人に持っていただくようにお伝えしました。

秋田の山中に閉じ込められていた女神様

このマツダイ様のお告げを信じたのにもワケがあります。20代の頃に見た不思議な夢がきっかけです。

当時、私の手がものすごく荒れていて、どんな薬を塗っても、自然療法を行ってもまったく良くなりませんでした。

そんなある日、夢の中にドアが出てきたのです。10センチぐらい開いていて、上のほうに女性の手が見えました。その手が部屋の中に何かを投げ入れたのです。

小さなボンベみたいなかたちで、毒ガスが入っていました。投げ込んだその手も毒でただれていました。そこで目が覚めて「これは神様のお知らせだ」と思った瞬間にいろいろな情報が入ってきました。

夢で見たその手は白鳥座という星座から来た神様のものだとわかりました。神様同士の戦いがあり、白鳥座のその神様は毒ガスを撒く役になってしまったらしいのです。それでしかたなく地球に撒いたそうです。

毒ガスといっていますが、これはネガティブな想念をつくるものなのだそう。お役目で撒いたけれど、そのことでカルマができ、自分の手もぐちゃぐちゃになってしまい、元いた星に帰ることができなくなったので、助けにきてほしいとおっしゃっているのです。

どこにいるのかと地図を見ていたら、秋田の山の中だとわかりました。すぐに飛行機のチケットをとり、空港でレンタカーを借りて山中の小さな神社へ向かいました。

その神社の裏に小さな滝があり、そこに女神様がいて、「やっと来てくれてありがとう」と。ずっとそこから動けなくなってしまっていたけれど、人間に事情をわかってもらって、気持ちを理解してもらえると帰れるそうで、その女神様は帰っていきました。

その後すぐ、何をしても治らなかった私の手も治りました。

人間はどんどんラクに生きていけるはず

以前は、呼ばれていった先々でわりと細かな指示を出されることが多かったのですが、再開してからは、そうしたことはなくなりました。ここ2年ほど大王様たちと一緒にツアーで行くようになり、私自身も楽しくなりましたが、神様も以前にも増して楽しく迎えてくれているような気がします。

結局、みんなで一緒に出かけていき、そこで楽しく過ごすことが、神様にとっても一番うれしいことなんですよね。最近はそう実感しています。

第2章

目に見えないものに導かれて金運に恵まれる

対談②

櫻庭露樹×大石洋子

お金持ちではなく、長者様を目指す

大石　大王様は35歳で人生が変わったとのことでした。ただ、そのときすでにお店を経営されていたわけなので、お金に不自由していたわけではなかったんですよね？

櫻庭　確かにそうです。お金には困っていませんでした。でも、貧乏を経験しているので、またいつかお金がなくなるんじゃないかという不安は常にありましたね。

大石　そうでしたか。ただ、人生観が変化したことでお金とのつきあい方とか、稼ぐことに対する考え方が変化した部分はありましたか？

櫻庭　まず、経営者としての姿勢が変わりましたね。35歳当時、僕は10店舗ほどのお店を抱えていたのですが、スタッフに任せることなく、すべて自分で売上げの管理や経理、店舗運営をしていました。人をあまり信用しておらず、任せるのが嫌だったんです。

ところが正観さんに「社長は会社へ行かないほうがいい、社長の仕事はスタッフに給料を払うことです」と言われました。僕が行かなければどの店舗も売上げが落ちる、会社がつぶれるなと思っていましたが、そんなタイミングで僕が過労で倒れるというアクシデントもあり、信頼している2人のスタッフにすべてを任せることにしました。「売上げが落ちても会社がつぶれても文句を言わないから、好きにやってみろ」と言って。そうしたら売上げが上がったんです。ちょっとショックでしたが、正観さんの言うとおりになりました。それで会社に行かなくなりました（笑）。

大石 人に任せることを始めたら、さらにお金がうまくまわり始めたわけですね。

櫻庭 はい。僕のやってきたことはすべて間違っていたことが再認識できましたね（笑）。

大石 お金の使い方も変わりましたか？

櫻庭 ずいぶん変わりましたね。そもそも人のためにお金を使うなんて考えたこともなかったのですが、正観さんから、「お金持ちというのは自分のためだけにお金を使う人のこと。世のため人のためにお金を使う人は長者様。まずはこの長者様になってみたらどう?」と言われて、そんな考え方があるんだと、これまた衝撃を受けました。しかも、長者様は人のためにお金を使えば使うほどお金が入ってくるというのです。

大石　要は人のためにお金を使うほうが、結果的にお金持ちになれるということなんですね。

櫻庭　そうです。確かにまわりのお金持ちの人たちを見渡すと、人のためにお金を使う人ばかりです。中には人のためにしかお金を使わない人もいました。よくよく聞くと、お金がないときから人のために使っていたと。

大石　お金がなくても、誰かのためにお金が使えるってステキですね。

櫻庭　結局、大事なのはマインドですね。もちろん無理をする必要なんてないんです。コンビニで友だちのために水やお茶、コーヒーを買ってあげるとか些細なことでもいいんです。**100円、200円、他人のために使ったところで、あなたの人生は何も変わらないじゃないですか。それが習慣化できるかどうかで、お金と仲良くなれるかどうかが分かれますね。**

その人からの見返りは求めない

大石 いろいろ喜ばれることをしてあげても、中には何も返してくれない人もいます。大王様としてはそれはあまり気にならないんですか？

櫻庭 ぜんぜん気にならないですね。むしろ、それでいいと思ってしまうぐらい。僕は人に何かをしたときに、その人から返してほしくないんですよ。人間って誰かに何かをしてあげたら、その人から返してもらわないと気がすまないＤＮＡが埋め込まれているわけです。でも僕は、できれば返してほしくないんです。

大石 大王様らしいとは思いますが、それはまたなぜですか？

櫻庭 **お礼が返ってこないほうがおもしろい現象が起こるんですよ。**僕はそういうルールを知っているんです。返ってきたらきたでそれはありがたいなと思うのですが、返ってこないほうが僕としてはおもしろいんです。

たとえば、僕は洋子師匠とご飯を食べにいって毎回毎回奢らせてもらってますが、もちろん何も返ってきません（笑※）。だけど、そのことについて僕、文句を言ったことも思ったこともないです（笑）。

大石　申し訳ございません（笑）。

櫻庭　だけど、もし、洋子師匠にカレーを奢って、次に「じゃあ今度は私が」と言ってお蕎麦を奢ってもらったとします。それはそれでうれしい。でも、洋子師匠にお蕎麦を奢ってもらわなくても、他に何かお返しがなくても、気にせずに過ごしていると、あるときまったく関係ない人に銀座久兵衛でお寿司を奢ってもらえたりするんです。

大石　そのほうが確かにうれしいですよね。

櫻庭　まあ、これはあくまでもたとえ話ですが、お返しを求める心にはどうしても「こんなにしてあげたのに」と、「のに」がついてしまいます。**相田みつをさんも言っていましたが、「～のに」がつくと愚痴になってしまうんです。だから、僕は絶対に「～のに」と言わないことにしています。**

大石　大王様の話をうかがっていて思い出したことがあります。私が幼い頃、父と母

※実際はたくさんお返しいただいています（櫻庭）。

が、こんな会話をしていたのを聞いたのです。

父はトラックの運転手で、母は近所のスーパーでパートをしていました。母がある日、「お父さん、スーパーで一緒に働いているパート仲間に、お金を貸してって言われたんだけどどうしよう」って相談していたんです。すると父が、「お金が返ってこなくてもいいと思えるんだったら、貸してあげたら」と。母は「わかった」と答えていました。このときの両親の会話が今でもすごく私の記憶に残っています。

おかげで私の中に、かなり小さいときから、「自分が何かをするときに、返ってくることが前提ではなくて、それでも誰かに気持ち良くやってあげられるのであれば、やりなさい」という教えが身につきました。それがすごく良かったと思います。

今でも何かをするとき、「私がやったことが全部損だったとしても、それでもやりたいの？」と必ず自分に聞いて、それでも「やりたい」ならやるというのが、私のすべての基準になっています。

だから、たとえ不本意な結果になったとしても、「私がやりたいと決めてやったことだからしかたないよね」って思える自分がいるんです。この感覚を身につけることができたことを、両親にはとても感謝しています。見返りをその人から求めないという点は、大王様に共通していると思います。

櫻庭　そうですね。それと僕は基本的に、人に期待しないことにしています。期待は自分にしかしてないですね。見返りを求めるのは自分だけにしたらいいと思います。

大石　その心を教えてください。

櫻庭　たとえば、自分が誰かの誕生日にプレゼントをあげたとします。すると、今度は自分の誕生日に何かプレゼントをくれるだろうなぁって考えるじゃないですか？　ところが、そんな期待をしていたら「おめでとう」のひと言もなかった。そんなことってあるじゃないですか。そこで腹が立つとか、許せないというのは、やはり相手に見返りを求めたり、

大王様はいつも冗談を言って、みんなを笑わせてくれる。

期待する心が働くからです。別にそんなことを何も気にせずに過ごしていれば、無駄に腹を立てることもありませんよね。僕は洋子師匠に誕生日プレゼントをあげましたけど、返ってきたことはありませんが、何とも思っていないですよ（笑）。

大石 いやいや、大きなお祝いをさせていただき、プレゼントもしましたが（笑）。

櫻庭 あ！ 確かに豪勢な誕生日会をしていただきました！ 今のは冗談ですが、**その相手から見返りがなくても、他から何倍にもなって返ってくるという法則を知っていると気持ちがラクです。**そのほうが正しいというか健全な損得感情だと思いますよ。

商人は人の心の動かし方を知っている

大石 よく大王様は、ご自分は商人だというお話をされていますよね。なぜそう思われるのでしょうか。

櫻庭　商人は常にお客様がどうしたら喜んでくれるか、何を欲しているかを先回りして考えないといけないと思っているんです。僕は正観さんと出会ってから、人に喜んでもらうにはどうすればいいかを常に考えるようになったので、そう言っています。

大石　でも、人が喜ぶポイントってそれぞれに違いますよね。一人ひとりのキャラクターに合わせて瞬時に喜ばせ方を考えることができるということでしょうか。

櫻庭　そうですね。何度も話して恐縮ですが、僕は貧乏な家庭で育って9歳のときから仕事をしているのもあって、お客様とか、目の前の人が何を欲しているかを嗅ぎ取る力、嗅覚が人より発達しているような気がしています。そう考えると子どもの頃、貧乏を経験しておいて良かったなと思うほどです。

第1章で話したように新聞配達をしていたおかげで、いろいろなタイプの大人たちと出会う中で、このお店のこの人の心を動かすにはどうすればいいかを考え、可愛げを無意識で演出して喜んでもらっていたわけですから。

大石　看護師さん、呉服屋さん、スポーツ用品店さん、そして中華屋さんなど商店街の人たちの心を動かしてきた経験が、大人になってからの大王様の人生に、大いに生きているわけですね。

神様ポイントが貯まると助けてもらえる

櫻庭　洋子師匠ならわかってくださると思うのですが、神様が人間の人生に介入できるポイントというか、ここまでは介入してはいけないけれど、ここから先は介入していいというポイントがあるような気がしています。

たとえば、財布もしくは携帯を落としたとき、見つかる人と見つからない人がいるわけです。これって運以外の何ものでもないわけです。こういうときに財布や携帯が見つかるにはポイントが必要で、３００ポイント貯まっている人は見つかるけれど、３００ポイント貯まっていないと見つからない。そんなふうにポイントで神様が介入してくれるかどうかが変わってくると思うのですが、いかがでしょう。

大石　私ももともと霊感などありませんでした。ところが、20歳のときに、神様の使いのような不思議なおばあさんと出会い、その人について日本各地の神社を旅してめぐって以降、そのおばあさんがいつも話をしていたマッダイ様という神様から、私もいろいろ教えてもらえるようになりました（51ページ参照）。

おばあさんはもう亡くなってしまったのですが、生前、口コミでいろいろな方が相談に来られていました。「助けてください」とか「私の人生、これからどうなるんでしょうか」と相談に来られた方たちの質問をおばあさんがマッダイ様に投げかけるのですが、でも、「人間のことは人間に任せてあるから」とお答えになりませんでした。

櫻庭　神様は〝くれくれ星人〟には何も与えてくれないんですね。

大石　そうなんです。依存的な考えの人には、あさっての方向を向いてちゃんとしたアドバイスをくれないんです。でも、それは神様の愛情だと私は思っています。

親が過保護にしてしまったり、何でもかんでも助けてしまうと世の中でちゃんと生きていける子に育たないですよね。わがままで、自分の力で生きていくことができない人間になってしまう。親があえて手を貸さないのも愛情です。

それと同じで、神様もこの人は依存性で頼ってくるな、自分で努力しないで何とかしようとしているなと感じる人に対しては、別に叱ったりはしないものの、ヒントになるようなこととか、助けになるようなアドバイスをくれることもなかったように思います。ただ、「人間のことは人間に任せてあるから」と。

でも、それを聞いたとき、これこそが〝本来の神様〟だと私は感じたんですよね。だから私もマツダイ様に頼みごとをしたことはないですね。

櫻庭　神様もお願いをされたからやるということはないと思うんです。やはりその人を応援したくなるかどうかだと思う。要は自分の背中が美しいか美しくないかだと僕は思っていて。美しければ手を貸してくれるし、美しくなければ頑張りなよって言うだけ。神様のそのあたりの感性というか感覚は人間とまったく同じだと思っています。

大石　私もそう思います。たとえば、神社には本当にさまざまな人たちが訪れ、いろんなお願いごとをしますよね。大王様がおっしゃるように神様は人間と同じなので、応援したいなって思う人もいれば、その反対に、この人の願いをかなえてあげたいとは思えないような人もいるわけです。その差は、先ほどの大王様のお話にあった、3

00ポイントが貯まっているかどうかによるんでしょうね。

「あなたのためなら」と動いてくれる応援団をもつ

櫻庭　洋子師匠は本当につくづく全方位気配りの人だなって思っています。50名ほどでツアーに出かけると、甲斐甲斐しく人の世話をしていることが多いですよね。

何より驚いたのは、ご自身の知り合いの方が病気になると、東京・日本橋の福徳神社のそばにある、薬祖神社という薬の神様が祀られている神社へ、必ずお参りにいかれているそうじゃないですか。その話を人づてに聞いて、本当に優しい方なんだなと思いました。

そういう人だからこそ、僕も誰かに紹介したくなるし、何かあれば助けたいと思ってしまうわけです。洋子師匠と出会って人生が変わったという人はとても多いですよ。

目の前のたくさんの人を喜ばせている人だから、目に見えないものを知らず知らずのうちに、自分の応援団にできているんだと思います。ほんと尊敬していますよ。だから洋子〝師匠〟と呼ばせていただいているんです。

大石 そんな、やめてください。恐れ多いです。ただ、私は若い頃、不思議なおばあさんと日本各地の神社をめぐって神様の打ち明け話を聞くということをしていましたが、それは自分を含めて〝すべての人のために神様のお話を聞く〟という感じだったので。そんなことを長くやってきたせいか、誰かのためにという感覚があまりないんです。他人事と自分事の境目がないというのが正直なところです。

たとえば、体調不良の人がいると、それは私の一部分の不調のように思えてしまうんです。だから、それを治すためにお参りをしておこうかなという感じ。そんなに大層なことでもなく、人に何かをしてあげるという感覚ではなくて、あくまで自分事として、じゃあ、何ができるんだろうと考えているだけですよ。

櫻庭 といっても、そこまでできる人はなかなかいないものです。だから、洋子師匠のまわりの人はみんな洋子師匠を支援・応援しています。

何か困ったとき、「あなたのためなら」と言って動いてくれる自分の応援団がいるというのは、とてもありがたいことです。それと同時に、目に見えない存在からも応援されることが、生きていく上でとても大切なわけです。

じゃあ、そうした目に見えない力に応援されるために何をすればいいかというと、やはり目の前の人に喜んでもらうにはどうしたらいいのかを考えて、次に違う人が目の前に現れたらその人に喜んでもらうことを考えて。人生はその連続でしかないと思うんです。そうしていくうちに、気づいたら自分の応援団ができていく。で、神様もこういう応援団ができるような人がすごく好きだと思いますよ。

大石　確かに、困ったときに助けてくれる人がいる人生って心強いですね。

櫻庭　そうなんですよ。**だから現実の世界にも自分の応援団がいて、神様や目に見えない存在にも応援されて。この2つが人生には必要なんです。そうでないと人生はうまくいきません。**一時的に成功しても長く続かない人たちをたくさん見てきましたが、そういう人たちは、やはり人やモノを大切にしていない。人が喜ぶことをするより、まず自分の幸せを優先する人が多い気がします。

執着を手放すことは人間の一生の仕事

大石　大王様は、もうさすがにものごとやお金に執着することはないと思いますが。

櫻庭　いやいや、執着を手放すことは人間が一生かけてしなければいけない仕事。僕にも執着しているものが、まだまだいっぱいあると思いますよ。それを死ぬまでにどれだけなくしていけるかが課題です。

大石　大王様が思う、執着の手放し方は？

櫻庭　それはもう勇気しかないですよね。洋子師匠のところにも僕のところにも、いろんな方が相談に来られるけれど、アドバイスをしても残念ながら8割の人が実践しない。なぜか。それは口では何だかんだと文句を言いながら、現状に満足しているからなんですよね。

大石　大王様の「勇気しかない」というのは実践編だと思うんです。私はちょっと自分の専門の、思考的なところからお話ししてみますね。

執着しているときって、そこにばかり思いがいっている状態ですよね。ハタから見たらいろんな道があるのに、執着している人にはそこしか見えないから、心の中でそこばかり追いかけてしまう。

そんなふうに心の中でそれにばかりとらわれて、ずっと追いかけてしまっているときというのは、実は〝自分のところにやってこない〟と思っているから、追いかけているわけです。〝絶対にそのうち自分のところへやってくる〟と思っていたら、追いかけないですよ。

つまり、「気持ちが追いかけている＝絶対私のところへ来ない」と思っているから焦るし、不安になるし、不安をかき消すために何かをしたくなるわけです。

心の中で執着している、追いかけているというのは、つまり、それは自分には入ってこないと強く信じているということなんです。だから、そこをいくら突き詰めても道はないんですよね。

櫻庭　追いかけるばかりでは、逃げられる道しかつくれないですよね。

大石 そうなんです。まずはそこに気づかなくてはいけないんです。**なぜ、自分はこんなに執着しているんだろう、なぜ追いかけてしまうのか？ それは絶対に手に入らないと信じているからなんだということに気づかなければいけなくて。**

だから、これ以上、この思いで追いかけても何の解決も得られないということを認める必要があります。そうして、認めた上で、どうしたらいいのかを考える。

たとえば、ぜんぜん関係のないことで、自分が夢中になれることを見つけてそれをやるしかないんですよ。最初はちょっと頑張らないといけませんが、それに本気で夢中になれたときに、「夢中になる」という思考がたまるわけです。

すると、いつの間にか執着していたところから抜け出して、向こうから「あなたに夢中です」っていう出来事がやってきてくれる。もしくは、迎えにきてくれるということが起こります。

とてもロジックな話で申し訳ないのですが、これもまた私が「思考の学校」でお伝えしているやり方なんです（詳細は第4章でお伝えします）。

Column

神様に呼ばれる聖地巡礼ツアー

櫻庭露樹×大石洋子

櫻庭　洋子師匠から、神様と話ができる不思議なおばあさんと出会い、日本各地の神社などをめぐって神様の打ち明け話を聞く旅をしていたという話を聞いて（51ページ参照）、正直、すごく驚きました。

大石　そうなんです。大概の方は、「こいつ、ちょっとおかしい」と言って引いてしまわれるので、ファンタジーとして聞いてくださいとお伝えしています。でも、大王様は最初から信じてくださって、うれしかったです。

櫻庭　自分では経験できないことをしている人の話が大好きなので（笑）。しかも、そのうち洋子師匠自身も神様からのメッセージを受け取るようになって、おばあさんの亡き後を継いで、神様のメッセージを聞いて、それをかなえてあげる活動をしているというじゃないですか。そんな映画『すずめの戸締まり』みたいなことを実践している人に出会ったのは初めてで衝撃的でした。

それで、「実際にどんなふうに神様の話を聞いているのか見せてほしい！」と思い、みんなでツアーにして行ってみようということになったんですよね。初回は2022年、僕と洋子師匠、それぞれの会員さん50名が参加する「聖地巡礼ツアー」の始まりでした。

大石　最初のツアーは青森でしたね。大王様のご先祖様を訪ねようということで青森になったんです。

櫻庭　そうでした。毎年お正月は、

青森ツアーの1枚。好評のため、あちこちへ出かけることに。

絶景が見える露天風呂のあるところへ母と一緒に温泉旅行するのが、我が家の約束事と決めているんです。もう何年も続けているルーティーンで、ちょうど2021年の年明けは母の吉方位が北だったので、北海道の洞爺湖へ行ったんですね。

その際、駅からタクシーに乗ったのですが、運転手の女性の名前がなんと「櫻庭」。同姓だったので思わず、「僕も櫻庭なんです。櫻庭姓は青森に多いんですが、もしかして青森出身の方ですか？」とたずねると、「そうです」とのこと。同郷ですね、という話題で盛り上がりました。すると運転手さんが「青森県の櫻庭神社って知ってますか？」と言うではありませんか。

そんな神社は知らないと答えると、「じゃあ、ぜひ行ってみてください。櫻庭観音もそこにありますから。それと櫻庭村という、ダムの下に沈んだ村があります。今、そのダム湖は水陸両用車で観光できるようになっているから、そちらも行ってみるといいですよ」と教えてくれました。

ちょうどその頃に洋子師匠と知り合ったので、櫻庭神社の話をしたら「時系列はわからないけれど、青森に呼ばれているのは確かです」って言ってくれたんだよね。

大石　何となくそのダム湖に大王様を待つ龍神様がいるような気がしたんです。

櫻庭　そう。それでツアーを実施したというわけです。

大石　天文学的に楽しかったですね。

櫻庭　参加者もみんな楽しくてたまらなかったみたいで、またやってほしいという声も多かったんです。それでやみつきになってしまって、年3回ぐらい行くようになりまして。2回目以降の行き先は基本的に洋子師匠

櫻庭村の上にできた、龍神様の棲むダム湖。

が決めてくれて、というか導いてくれるので、安心して任せています。

おもしろいのは、参加してくださった方がけっこうな確率で、後日、奇跡体験をされていること。たぶんそうした方々も、何かそこへ行くべき理由があったんでしょうね。いろんな相乗効果で良いことが起こっている気がします。

大石　これまでに沖縄、長野、淡路島などへ行っているのですが、２０２４年はまた青森に呼ばれていますよ。

ツアーでは神様との約束の印、虹によく遭遇する

大石　毎回、大王様の良き相棒、邪兄さんが同行してくださり、バスでの移動中、大王様とコンビで大変盛り上げてくださいますよね。

櫻庭　不思議なこともよく起こりますし、何より虹が出る確率がとても高いですよね。聖書には、「私はあなたとの約束を忘れていない印として虹を見

せる」と書かれているんです。神様が出迎えてくれているようで、毎回、虹を見るたびに神妙な気持ちになります。

実は虹というのは非常におもしろくて、虹に向かって手を合わせて「ありがとう」と唱えていると、虹が濃く見えてくるんですよ。虹が二重三重になったこともありました。

あと、太陽のまわりに光の輪が現れる日輪にもよく遭遇しますね。

大石 だいたい天気予報では雨なんですけど、朝起きると信じられないほど晴れるんですよね。

櫻庭 そうなんですよねぇ。何か目に見えない存在の方たちに、支援・応援していただいているような気がします。洋子師匠は、20歳から40歳までの約20年、神様に呼ばれた先々で神様のお願いごとを聞いてこられたのですよね。我々と一緒に行くようになって、以前との違いは感じていますか？

大石 おばあさんと一緒だった5年間、そして私一人で各地の神様のところへ行っていたときは、本当に細かな指示がありました。たとえば、こんなお供え物を置いてほしいとか、こういう呼吸法でこの言霊を唱えてほしいということです。でも、大王様たちと行くようになってからは、神様からのミッションもいたってシンプルで、そんなにいろいろしなくてもよくなりました。

たぶん、神様もたくさんで来てくれて、その人たちが目の前で楽しんでくれている姿を見るだけで楽しいし、力が湧いてくるんじゃないかな。そこは人間と一緒なのだと思います。子どもたちが孫を連れて田舎に帰ってきてくれると祖父母はうれしいというのと、同じ感覚なんだと思いますよ。

そうそう、以前は苦しい打ち明け話を聞くことが多くて、こちらも思わず涙してしまうこともあったのですが、そういうこともなくなりました。

私も神様とのやりとりが前よりも楽しくなったし、神様自身もそうなんだと感じています。

櫻庭　ツアーでは洋子師匠の解説も名物の一つです。青森でも水陸両用車でダム湖を探索しているときはすごい雨だったのですが、車が湖から出たらそれがピタリと止んだんです。そのときに、その理由を洋子師匠が解説してくれましたよね。

大石 あのダム湖にはすごく大きな白龍様がいらっしゃって。やっと大王様が会いに来てくれたと泣いて喜んでいました。その喜びの雨だったんですよ。

実は大王様のご先祖様は隠れキリシタンで、西のほうから逃げて来たんです。やっと安住の地を得てひっそり暮らしていたら、今度はダムがつくられることになり、また移動しなければならなくなって。

ふつうだったら、森が崩れて生態系が乱れてしまうので、土地のエネルギーが悪くなってしまうために、さっさとそこからいなくなるものですが、心優しい龍神様は、これ以上、人間だけに負のエネルギーを背負わせるわけにはいかないからと、あの地にとどまってくださった。そうやって、これ以上自然界のしくみが崩れないようにしてくれていたんですよね。その姿が白龍だったというわけです。

ただ、前回の青森ツアーでは、櫻庭観音様に会えませんでした。前日までの雨で土がぬかるんでいたので、観音様のところまで行くのはちょっと危険だということで……。

でも、今年こそいよいよ会えますよって、観音様もおっしゃっています。ぜひ今年もまたみんなで行けるといいですね。

櫻庭　青森だけでなく、海外ツアーもやろうという話が出ています。国境を越えていろいろな神様に会いに行く旅を今後も続けていきましょう。

第3章

〝目に見えないもの〟の力を借りて開運

櫻庭露樹

意識的に自分の魂を磨く言動を心がける

極貧の家庭で育ち、小学3年生から新聞配達

おそらく私を知らない人もおられるかと思うので、改めてまずは自己紹介をさせていただきます。

私は現在、開運YouTuber、スピリチュアル研究家として、さまざまな仕事に携わっています。複数の事業も抱え、大企業の社外取締役なども務めさせてもらっています。ただ、洋子師匠との対談でもお話ししたとおり、35歳までは人生に悩んでいました。人生を心から楽しいと思うこともなく、また、おもしろいと感じることもなく、死にたいとさえ思ったことも何度もありました。

そんなふうに思うようになった原点は幼少期にあります。

生まれは青森県三沢市ですが、すぐに東京へ引越しました。小学3年生のときに転校したのですが、そこで私の人生は一変します。父親が多額の借金を抱えていたのです。物心がついた頃から「うちは貧乏だ」と理解していました。というのも、大家さんが家賃を取り立てにきたり、「や」のつく自由業の方が家に取り立てに来たりしていたからです。子どもでもさすがに察することができました。

私は小学3年のときから強制的に新聞配達をさせられていました。稼いだお金はすべて両親に渡していたので、私自身はいつもおなかを空かせていました。ガリガリでドチビな少年でした。私の配達エリアの商店街の人たちがよく食べ物やお小遣いをくれました（対談でお話ししたとおりです）。

夕刊を配らなければならないので3時には販売店に行かなければなりません。もちろん、友だちと遊ぶ時間などありません。ごくありふれた小学生の生活とはあまりにもかけ離れた日々を過ごしていたため、「将来、プロ野球選手、巨人軍に入る」夢も、もろくも崩れ去っていきました。6年生の卒業文集に書いた将来の夢は「でかい家に住んで、高級車に乗れるようなお金持ちの社長になる」でした。とにかく当時から人生を恨んでいたのでしょう。そんなことしか書けなかったのです。

中学・高校時代も、それこそお金になることなら何でもしました。当時の中学生・高校生にしてはかなりの金額を稼いでいたと思います。父親はいつも遊び歩いていて何をしていたのかはわかりません。働き通しの母親を少しでも助けたいと考え、学業より働くことを優先させていました。

1300万円の借金をして24歳で店舗経営に乗り出す

第1章でもお話ししましたが、高校を出て社会人になってからは、大手ファミリーレストランをはじめいろいろな仕事に就きました。ところが何をしても長く続きませんでした。ジャイアンな性格なので、人に命令されるのが極端に苦手でした。

仕事がうまくいかなかったこともあって、とうとう23歳でウツになりました。「もうダメだ」と人生を半ば諦めかけていたときに友人の助けがあり、家族や奥さんの協力を得て1300万円の借金をしてお店を始めることにしました。起死回生を目指し、24歳で大勝負に挑んだわけです。

ご購読ありがとうございました。今後の出版企画の参考に
致したいと存じますので、ぜひご意見をお聞かせください。

書籍名

お買い求めの動機

1 書店で見て　2 新聞広告（紙名　　　　　　　　）

3 書評・新刊紹介（掲載紙名　　　　　　　　）

4 知人・同僚のすすめ　5 上司、先生のすすめ　6 その他

本書の装幀（カバー），デザインなどに関するご感想

1 洒落ていた　2 めだっていた　3 タイトルがよい

4 まあまあ　5 よくない　6 その他(　　　　　　　　)

本書の定価についてご意見をお聞かせください

1 高い　2 安い　3 手ごろ　4 その他(　　　　　　　　)

本書についてご意見をお聞かせください

どんな出版をご希望ですか（著者、テーマなど）

郵便はがき

料金受取人払郵便

牛込局承認

9026

差出有効期間
2025年8月
19日まで
切手はいりません

1 6 2-8 7 9 0

東京都新宿区矢来町114番地
神楽坂高橋ビル5F

株式会社ビジネス社

愛読者係 行

ご住所 〒 TEL:　　(　　)　　FAX:　　(　　)		
フリガナ お名前	年齢	性別 男・女
ご職業	メールアドレスまたはFAX メールまたはFAXによる新刊案内をご希望の方は、ご記入下さい。	
お買い上げ日・書店名 年　月　日	市区 町村	書店

しかし、何も知らない素人が成功するほど甘くはなく、うまくいきませんでした。最初の3か月はお客さんが来ることもなく、本当につらかったです。いえ、つらいなんてものじゃありません。売上げがないことだけでなく、借金を返さなければいけないという日々のプレッシャーが尋常ではありませんでした。このとき、結婚もして妻のお腹には赤ちゃんもいるわけです。

考えてみれば、ビジネスを何も知らない若造がいきなりお店をオープンしてうまくいくはずがないんです。ふつうだったら自己破産するか、店をたたんで給料の良いところへ就職して借金を返済していくところでしょう。

そんな中、いきなり救世主が現れたのです。

実は私が当時営んでいたお店というのはフランチャイズでした。売上げがまったく伸びなかったので、そのマネージャーに「実際に売れているお店があるのでしょうか？」と相談したんです。すると「フランチャイズ店の中で、1店舗だけ飛び抜けて売上げを伸ばしているところがある」と言うのです。どこかを聞いて実際に訪ねてみました。

その店舗の社長にあいさつをして、店内を見学させてもらいました。そこは今でいうならドン・キホーテのような圧縮陳列という陳列方法で、大量の商品でお客様をビビらせる手法でした。売りたい商品はポップを付けて山積みにして目立たせていました。

自分の店とのあまりのレベルの違いに、「ここまでやらないと売れないのか？　だとしたら自分には逆立ちしても絶対に無理だ」とえらく落ち込み、いよいよ店をたたむ決心を固め、商品やら棚やら看板などを買い取ってくれる何でも屋に見積もりを依頼しました。同時に転職も考え始め、当時、手取りで50万円もらえるという佐川急便へ履歴書を提出しました。

そんな私のところへ、翌日、店舗を見学させてもらった店の社長が訪ねてきてくれました。そして、どうすれば繁盛店になれるのか、親身になってアドバイスしてくれたのです。社長に言われたとおり、捨て看板（電柱にくくり付ける看板）を50本、設置しました。設置場所もすべて社長が指示してくれたので、そのとおりにしました。

すると、いきなり売上げが一気にアップしたのです。

九死に一生を得るとはまさにこのこと。4月に開業して6月まで右肩下がりだった売上げが、7月には前月の倍以上の300万円売れたのでした。そこからはもう、うなぎのぼり。翌年1月の売上げが720万円を超え、なんと7月から12月の半年間で1300万円の借金を返すことができたのでした。

幸せに気づけなかった35歳までの人生

その後も商売は順調で売上げを伸ばし続けました。29歳で手元には1億円近いお金がありました。30歳で店舗も6店舗まで増えていました。ただ、父親がサラ金に追われる生活をしているのを見て育ったので、1300万円を返済して以降、銀行からの借入れなどは一切しませんでした。

ところが30歳で離婚することになってしまい、自分のお金を全部、別れた妻にプレゼントしました。借金もなく、売上げも増収増益だったので、また一生懸命に働けば何とかなると思ったのです。それで再び無一文になり、完全に振り出しに戻ってしまいました。

離婚後も商売は順調で、35歳のときには店舗も10店に増えていました。

振り返ると、商売のことだけで考えれば、開業した24歳の数か月間は廃業寸前の苦戦を強いられたものの、絶対に誰にも負けない！　と何くそ根性で頑張り続けたので、それなりにうまくいっていたと思います。

でも、当時は「自分が成功している」と思ったことは一度もありませんでした。困っているときに手を差し伸べてくれた人たちもたくさんいましたが、当時の私はその人たちに感謝することもありませんでした。「自分の人生はどうしてこんなにつまらないんだろう、ついていないんだろう」とずっと思っていたのです。

まさに当時の私は「不幸コレクター」。自分に足りないものばかりにフォーカスをあてていました。思いどおりにならないことが一つあると腹を立てていました。常に思いどおりにならないことを探して、人生は思いどおりにいかないと終始嘆いていたような感じです。

そんな私に人生最大の転機が訪れたのは35歳8か月のときです。それまでの私の考え方、生き方を根本から揺さぶってくれる師匠・小林正観さんと出会いました。

正観さんと出会ったときから、言われたことを必死になって実践し続けました。**小さな行動を積み重ねたことが人生を大きく変えていくのだと、今なお身をもって実感しています。**

師匠に言われた3つで人格改造プログラム開始

小林正観さんは、旅行作家であり、作家であり、日常生活でさまざまな実践をすることによって心の在り方を追求していく、心学研究家として有名な方でした。

洋子師匠との対談でも、そして先ほどもお話ししたように、その頃の私は人生を今より良くするためにはどうすればいいかと思い悩んでいました。そんな私に正観さんがすすめてくれたのは次の3つの実践でした。

1　否定的な言葉を肯定的な言葉に変える
2　「ありがとう」をたくさん言う
3　笑顔を心がける

なぜ、この3つを正観さんは私にすすめてくれたのか。

正観さんに出会うまでの私は本当に自己中心的でした。、自分のことしか考えられず、いかにして人より抜きん出られるか、いかにお金を儲けるか、人生をラクして生きる方法はないものかと、そんなことばかり考えていました。人に喜ばれる存在になろうとか、目の前にいる人に「ありがとう」と言ってもらおうなんて微塵《みじん》も考えたことはありません。

それでも、自分自身が今、つまらないと感じている人生から抜け出したい、人生を変えたいという思いだけは人一倍強かった。商売で利益を出していても、それで満足できていなかった。というか、この商売がいつまで続けられるのかという先行きへの不安もあったんだと思います。

それで正観さんに初めてお会いしたとき、まずは仕事のことを相談しました。ところが正観さんはそれには答えてくれず、こう言いました。

「あなたの口から出る否定的な言葉を肯定的な言葉に変えてみたらどうですか。もっと笑顔の時間を増やしてはいかがでしょうか？　そして、もっと『ありがとう』という言葉を口から発してみてはどうでしょうか」

つまり、先ほどの3つです。最初、正観さんが言っている言葉の意味が理解できず、私の頭の中はクエスチョンマークだらけでした。それと仕事が一体どのように関係しているのか、まったく意味がわかりませんでした。

ただ、正観さんはプロの顔相見です。顔を見れば、その人がどんな人なのかすべてお見通しという人です。おそらく私の顔を見て、私に足らないものを見抜いたのでしょう。

実際、この3つはどれ一つとってもできていませんでした。当時の私は、口を開けば愚痴や不平不満を漏らしており、いつも不機嫌でした。人に感謝することなどありませんでしたから、「ありがとう」と発したこともほとんどありませんでした。

それだけに正観さんからの3つの提案は、目からうろこ、衝撃が走りました。

それまで「自分の人生はどうしたら良くなるのだろうか」と一生懸命考えて生きてきたつもりでしたが、「人としてそんな初歩的なこともできていなかったのか」と気づかされた瞬間でもあったわけです。

つまり、自分の人生を良くする、運気を上げるために何かをすること以前に、まずは今より人生を悪化させない、運気を下げないための行動が私には必要だったのです。そのためのファーストステップとして正観さんは、「否定的な言葉を肯定的な言葉に変える」「『ありがとう』をたくさん言う」「笑顔を心がける」の3つを教えてくれたわけです。

これは私にとって、究極の人格改造プログラムの始まりでした。

「ありがとう」×35万回がたった一度の愚痴で相殺

半信半疑なところがまったくなかったわけではありません。しかし、自分の人生を何とかしたいという思いが圧倒的に強かったので、その思いに突き動かされて、正観さんに言われた3つを毎秒意識し、死に物狂いで実践しました。

特に「ありがとう」は口に出して年齢×1万回言い続けると奇跡が起こりますよと言われたので35万回を目指しました。これは正直、考えただけでもめまいがするほど大変です。

ただ、正観さんには「『ありがとう』を口にするとき、感情を込めなくてもかまいません。何かをしながらでも大丈夫。たくさん言い続けてください」と言われたので、とにかく言い続けることにしました。何よりお金がかかることでもありませんし、誰かに迷惑をかけることでもありません。本当にそんなことで人生が変わるのであれば儲けものです。私は自分を使ってすぐに人体実験を開始したわけです。

正観さんに言われたとおり、「ありがとう」を言い続けていたら、3週間ぐらいで35万回を言い切りました。しかし、奇跡は起きませんでした。

どういうことかと正観さんに話したところ、「それは愚痴ですか」と返されてしまいました。そして、「一つ言い忘れていました。この3週間の間に、1回でも愚痴を言っていませんか？　ひと言でも愚痴や泣き言、不平不満、心配ごと、悩みなどネガティブな言葉を発すると、カウントはゼロになりますよ」と。

「それを早く言ってほしかった！」とツッコミたくなる衝動をグッとこらえて、「そうでしたか」と言って、そこからまた「ありがとう」を新たに言い続けることにしました。

確かに、「ありがとう」と言いながらも愚痴や文句もまた相変わらず言っていました。そんな自分を見透かされた気がして何も言えなかったのです。

と同時に、35万回も頑張って「ありがとう」を言っても、たった1回のネガティブな言葉で相殺されてしまう。そのことも恐かったです。愚痴や泣き言がどれほどの重量をもって運気を下げているのかを身をもって知ることができました。

そして、特別大きな変化はなかったものの、正観さんと出会い、言われたことを実践し始めた頃から、徐々に自分の人生が変わり始めたのを感じていました。

自分の発した言葉が人生をかたちづくっていく

当時は、自分の人生を変えることに必死だったので、正観さんの本をすべて読破しました。正観さんの講演会には、地方だろうとどこだろうと足繁く通いました。そこで出会う方々も非常に刺激的で、たくさんの影響を受けました。

「この人の本はとてもいいよ」といろいろな方がさまざまな本をすすめてくれるので、読みあさっていました。おそらく月に10冊ぐらいは読んでいたのではないでしょうか。

中でも特に気に入って1年ほどカバンに入れて持ち歩いていた本があります。エドガー・ケイシーについての著書で『転生の秘密――超心理学が解明するエドガー・ケイシー〈秘密〉シリーズ1』（ジナ・サーミナラ著　たま出版）です。

中に書かれていた言葉で忘れられないのが、

「人間というのは自分の口から出た言葉の集積である。あなたは必ず自分の吐いた言葉に出会うだろう」

このひと言がずっしり胸に刺さりました。人間は、自分の吐いた言葉どおりの人生を送っていく運命なのだと。

つまり、愚痴や不平不満を言ったり、人のことを傷つける言葉を発しながら、自分の運を上げることは不可能だということです。

この言葉と出会って、正観さんがよく言ってくれていた「愛のある肯定的な言葉を使う」の意味がすっと腑に落ちました。たとえ、35万回の「ありがとう」を口にしていても、途中で「あいつには腹が立つ」と1回でも愚痴もしくは不平不満を言ってしまうと、それもまた自分の人生に降りかかってくるのです。

だからこそ、口から発する言葉には愛が必要ですし、肯定的である必要があるわけです。

開運は技術であり、運は実践学である

私は、1回の愚痴によってカウントをゼロにしてしまった「ありがとう」を再び口にし始めるとすぐに、「ありがとう」を35万回言うことに成功しました。その直後、「ちょっと話をしてくれませんか」という頼まれごと——講演の依頼が舞い込んだのです。これには耳を疑いました。

実は、正観さんと出会った当初、「あなたは頼まれごとをされる人ですか?」と聞かれたことがありました。「まったく来ません」と答えると「それはあなたの顔が悪いからです」と言われました。「まだ知り合って間もないのに、何て失礼な!」と内心、思いました。でも、正観さんは「頼みごとをしづらい顔をしている」という意味で言

われたのだとすぐにわかり、納得してその言葉を受け入れました。

そして提案されたのは、「まずは、頼まれごとをされやすい自分を演出してみてはどうでしょうか」ということ。**頼まれごとにこそ、己の使命があるというのが正観さんの考え方でした。**「否定的な言葉を肯定的な言葉に変える」「『ありがとう』を言う」「笑顔を心がける」はその演出の方法でもあったわけです。

もちろん、それまで講演なんてしたことはありませんでした。ただ、正観さんにも「あなたは噺家に向いていますよ」と言われたことがあったのです。人前で話すことが自分の使命なのか⁉ と不思議な気持ちで、〝講演という頼まれごと〟を受けとめていました。

長年の不眠症が治った

ありがとうが35万回に達したとき、さらに奇跡が訪れました。

その奇跡とは、20歳から35歳までずっと悩まされていた不眠症が治ったことです。

先ほども話したように35歳の時点で10店舗を抱える経営者になっていましたが、自分で物件や場所を探して出店したのは3店目まで。4店目からは自分の意志ではなく、スタッフが新店舗のオープンを期待しているからでした。「次の店の店長、やらせてください！」とやる気満々で言ってくる、彼らの期待に応えてあげたい。出店の理由はただそれだけだったんです。

私が毎年出店していたので、スタッフはきっと今年もまたお店を出すだろうと考えるようです。

正直、私は自分の仕事に明るい未来を感じていませんでした。とはいえ、スタッフの希望をかなえてあげたい。そんなジレンマを抱えつつ、「閉店物件を買ってください」と紹介されるとスタッフのために新店舗をオープンし、気づいたら10店舗になっていたというわけです。スタッフもどんどん増えて、気づいたら50人ほどになっていました。

仕事は忙しいし、そんな鬱々とした悩みもあって気持ちはふさぎがち。いつしか夜眠れないのが当たり前になっていました。

29歳から35歳までの7年間は睡眠薬を飲むのが習慣になっていました。何とか睡眠薬なしで眠れるようになろうと、断薬を試みるのですがいつも失敗……。もう一生、睡眠薬を手放せないのかもしれないと諦めていたのです。

ところが正観さんに言われたとおり、「ありがとう」が35万回に達成した頃には、睡眠薬を飲まなくても寝られるようになっていたのです。

これは私にとってはまさに奇跡以外の何ものでもありませんでした。本当に感動し、もっと奇跡を起こしたくなって、正観さんの言うことはすべて実践しようと心に固く誓いました。

運は実践学、開運は技術で切り拓く

というのが、私が正観さんを通して得た世界観です。

運は決して目には見えませんが、確実に存在しています。自らの運をより良くする最大の方法は、運が良くなる方法をひたすら繰り返し実践することなのです。

運を実践学だととらえ、具体的にどんなことをしていくのか、何を習慣にしていくのか、それが運を良くする要《かなめ》です。

私の場合は、正観さんに言われた3つのこと、「否定的な言葉を肯定的な言葉に変える」「『ありがとう』をたくさん言う」「笑顔を心がける」ことで、自分自身を開運に導くことができました。

運を良くするための技術を身につけたことで「不幸コレクター」から抜け出し、幸せを実感する日々を送れるようになったわけです。

Column

すべての運気に通じるトイレの神、烏枢沙摩明王様

第1章でもお話ししましたが、夢中で正観さんの著書を読みあさっていたとき、「トイレを掃除すると臨時収入がある」というくだりに強く引き込まれ、それ以降、実践するようになりました。このトイレ掃除の習慣化によって人生が好転したのは間違いありません。

そもそも「臨時収入」という言葉になぜ引き込まれたのか。事業は確かに何とかまわるようになり、お金はたくさん入ってきていました。しかしながら臨時出費がやたらと多く、なぜかお金が残らないというのも悩みのタネでした。

トイレ掃除を始めて3か月経った頃、師匠の正観さんに「トイレ掃除を続

けているけれど、何の変化もないのはどうしてでしょう?」と聞いたところ、正観さんからは次のような言葉が返ってきました。

「それはむしろいいことです。神様は今、弓を引いている途中。今、放したらそれなりのものしか返ってきません。引っ張れば引っ張った分だけ大きな出来事が降りかかってきます。今すぐ手を放してほしいですか? もっと引っ張ってほしいですか?」。私は「もっと引っ張ってください!」と即答していました。

あまりにたとえが素晴らしく、モチベーションは一気に爆上がりました。そこからです、出先の公衆トイレまで掃除するようになったのは。

トイレ掃除で運気が変わる

トイレ掃除の効果が出始め、劇的に私の運気が変わってきたのは、これもお話ししたとおり公衆トイレを無心で磨いている自分に気づいた頃からです。臨時出費がピタリと止まっただけでなく、それまでに出会ったことのない、魅力的な人たちに次々出会うようになったのです。そこで私が一番欲しかったのはお金ではなく、人とのご縁だったことに気づかされました。

トイレは宇宙の玄関口。トイレには厠《かわや》の神、烏枢沙摩明王様がいらっしゃいます。この烏枢沙摩明王様は人間界と神の世界の境界線を守る〝不浄を転じて清浄とする明王〟といわれる存在で、この世の中の不浄なものを浄化する力があるとされます。

昔の人は、トイレは怨霊が入ってくる場所だと考え、烏枢沙摩明王様を祀り、不浄なものが入ってこないようにしていました。また、この神様はすべての運気に通じており、開運、金運、病気の治癒、赤ちゃんを授かるなどすごい力を持っています。

だからこそ、烏枢沙摩明王様がいるトイレを毎日掃除する、これは開運を望む人にとってはマストでしょう。

私も毎日トイレを掃除することで烏枢沙摩明王様にも喜んでいただけて、

一番欲しかったご縁をたくさんいただくことができました。

烏枢沙摩明王様には、本人でも気づいていない、その人の本質的な願いをかなえてくれる御利益があります。


トイレ掃除は、その人が欲しいものを与えてくれる——。


あなたもだまされたと思って、トイレを毎日とことん掃除してみてください。

掃除だけでなく、入るたびに感謝の気持ちを伝えるといいでしょう。毎日、お子さんと一緒にトイレで手を合わせることを習慣にしている人がいます。その子は大きくなってから間違いなく運気の高い、幸せな人生を送ることでしょう。

以前、タワマンの最上階に住んでいるお金持ちの部屋を訪ねたことがあります。玄関を開けた瞬間から他のお金持ちとは違う邪悪な波動を感じました。まず部屋が著しく汚いのです。机には小銭が散らばっています。トイレも使わせてもらったら、これがまた汚いのです。便器がその方のうんこで汚れていたのです。早々にその家を退散しました。

その人は2~3か月後には転落していきました。どこかへ引っ越して、引きこもりの生活になってしまったそうです。

トイレは烏枢沙摩明王様の聖域なのです。家をいつも守ってくださるお礼にキレイに使うのは当然の義務なのです。

トイレは常に美しく使うのが礼儀です。

ぜひ烏枢沙摩明王様に感謝をしてみてください。きっとあなたの人生にも、おもしろい現象が必ずや訪れることでしょう。

目に見えない存在がすべてを決めている

何度も言いますが、私は正観さんに出会って以降、考え方も行動も言葉も表情も180度変わりました。なかなか言葉で表現しづらいですが、正観さんに言われたことを実践していく中で人生が好転していき、生きやすくなっていくのをひしひしと感じていました。それだけでなく直感も冴えてきて、アイデアもどんどん湧いてくるようになりました。

これって何の根拠もないですが、そうしたアイデアやこれから起こりうる人との出会いなどは、神様かもしくは守護霊様など目には見えない存在が教えてくれたり、采配を振るったりしてくれていると、私には思えてしかたないのです。

聖書にこのようなことが書かれています。

「あなたが欲しいと思っているものは、あなたが欲しいと思う前から私は知っている」

とても、とても深い言葉だと思います。

この言葉を知ったとき、人間の夢、希望、願望、そしてそのために一生懸命頑張っている人のことを、神様は上から見ていて知っているのだと確信しました。

たとえば、誰かとの出会いによって「こんな人になりたい」「こんな人生を生きたい」と明日、思ったとします。それを上のほうにいる神様はすでに知っているわけです。「明日、こんな人に出会って、こういう夢を抱くようになるよ」とすべてお見通しなわけです。でも、出会いはあっても、そうした自分の夢や希望や願望は、残念ながらかなわないことが多いのが現実です。

なぜか？　答えはかんたんです。

上から見ている、目に見えない存在の神様は、あなたのその夢をまだかなえたくないと思っているからです。そう考えないと、「あなたが欲しいと思う前から知っている」という言葉は出てこないはずなのです。

もし、自分の夢がかなわないとしたら、神様が「あなたにはまだ早い」「まだまだ努力が足りないのでは？　まだ夢をかなえさせるわけにはいかない」と判断しているからではないでしょうか。宇宙の法則として、そのようなルールが備わっているような気がします。

では、なぜ神様に「まだ早い」「夢をかなえさせるわけにはいかない」と思われてしまうのか。

それはやはり、自分の思いが足りなかったり、まわりの人たちに喜ばれることをしていないからだと思うんですよね。

私は目に見えない世界がすべてを決めていると、本当に思っています。なので、人生を変えたかったら、この見える現実の世界で頑張ることや、目の前の人に喜ばれる

ことをするのはもちろんですが、目に見えない世界の人たちに支援・応援したいと思ってもらえる自分を演出しないといけないのです。それが一番手っ取り早いのではないかと思っています。

神様や目に見えない存在の方々は、誰かのために頑張ることができる人が好きなんです。私がトイレ掃除を始めたのも最初のうちは「もっとお金持ちになりたい」といった不純な動機でしたが、やり続けているうちにそんなことはどうでもよくなり、トイレの神様に喜んでもらうため、誰かに喜んでもらえたらという気持ちに変わっていきました。そして、変わった途端に運が開けてきて、次々素晴らしい人と出会うようになっていったのです。

守護霊様がやる気を出してくれる対象になる

絵描き、物書き、スポーツ選手など、一生懸命に何か一つのことに打ち込んでいる人は、目に見えない神様、守護霊様たちが応援したくなる存在です。

たとえば、物書きの人は文章を書けば書くほど上達していきます。やがて、パソコンの前に座っただけで勝手に手が動き出して文章がすらすらと出てきたりします。よく小説家が「アイデアが突然、降ってきた」と言ったりしますが、これは守護霊様のおかげだと思っています。

一生懸命、人に楽しんでもらえる小説が書きたいと思って書き続けている人を見かけると、守護霊様も俄然やる気を出して、どんどん新しいアイデアを伝えてくれるのです。それによってますますその小説家は才能を開花させ、一流の小説家という名声を得ることができるようになっていきます。

自分を見てくれている神様や守護霊様など、目に見えない存在の支援・応援が得られる人になるには、「いい人」でなければいけません。

私は決して自分を「いい人」だとは思っていませんが、少なくとも35歳以降は常に人を喜ばせたい、笑わせたいと思っています。全国各地で開催している講演も、YouTubeチャンネルの配信もそうです。

今、目の前にいる人たちには喜んでもらいたい――そう思い始めてからはどんな仕事をしているときでも、自分でも思いもよらなかったようなアイデアが浮かんできて、想像以上にみなさんを楽しませることができたりします。それは私だけの力ではなく、おそらく上から見ている、目に見えない存在の方が本気になって協力してくださっているお陰様としか思えないのです。

いざというときに支援・応援してもらえるようにするためには、やはり「いい人」であることが絶対条件なのではないかと思っています。

「ありがとう」コレクターになって波動を上げる

では、ここからは幸運体質になって、目に見えない神様たちにも応援される「いい人」になるための処方箋をいくつかお伝えしていきます。

まず、神様に応援される人になりたい人におすすめなのは「ありがとう」コレクターになることです。つまり、人に喜ばれることを実践できる人、行動できる人になるということです。

友人や恋人でもいいのですが、誰かと寒い場所で待ち合わせをしていたとします。

約束時間に間に合うことも大切ですが、「はい、どうぞ」と言って缶コーヒーか何か飲み物を買っていったとします。そのとき、「なんでそんなことをするの?」と怒る人はまずいないはず。「うれしい! ありがとう」と言って喜んでくれることでしょう。

そんなふうに、人から言われる「ありがとう」を日々の生活の中で集めていくのです。神様を喜ばせる前に、まずは自分の目の前にいる人に「ありがとう」と言ってもらえる回数を増やすことがポイントです。


「ありがとう」を集めていく、「ありがとう」コレクターになっていく。すると神様たちに「人が喜ぶことをたくさんしているな」と見てもらえて、「こいつ、いいやつだから、ちょっと応援してあげようか」という気持ちになってもらえると思うんです。

私たち人間だって同じですよね。頑張っている人を見かけるとつい応援したくなります。

この目に見える現実の世界を大切にして、目の前にいる人を大切にすることをずっとやっていくことが、神様にも応援してもらえるポイントなのです。

またドラゴンボールの話で恐縮ですが、ドラゴンボールには戦闘力を測定する能力をもつスカウターという装置が出てきます。そのスカウターのメガネのところには、目の前の敵がどれくらい強いのかを表す数値が出てくるんです。

スカウターはおそらく対象の生物が発するエネルギー波をキャッチして、それを数値に変換しているのだと思います。数値が高ければ、そのキャラクターがどれだけ強力な〝気〟をもっているかがわかります。

私たち人間にもそういった戦闘力を表す数値があるはずです。その振動数、波動を数値化したものがある一定のところまでいかないと神様に応援してもらえない、そんなポイントがあるような気がします。

ある数値まで達している人は応援できるけれど、そこまでいっていない人には介入できない、そんなルールが、目には見えないところに存在している。それが自分の運気を決めているように感じています。

まずは目の前の人を大切にする。そして、人から「ありがとう」と言われる回数が増えるような生き方をする。それを常に実践することを心がけるだけでも、目の前の

現象が変わってくると私は考えています。

人生は自分の応援団をつくる旅だと気づく

私は、人生というのは自分の応援団をつくる旅でもあると思うんです。

何かの壁にぶつかり、思いどおりにならないことやトラブルが起きて窮地に立たされることは、誰の人生でも起きるものです。そんなときふっと後ろを振り返ると、自分の応援団がいてくれる。「こんなことがあったんだけど、どうしたらいいかな?」と相談するとすぐに、「あなたのためなら」と力を貸してくれる人たちがいてくれる。そんな人生こそ、素晴らしいとは思いませんか?

そういう応援団をつくるためには、自身が人に喜ばれる存在になっていないといけません。そのためにもまずは目の前の人を大切にする。これしかないと思います。

自分で自分の機嫌をとる

私には霊感などまったくありませんが、最近は少しでもイラッとしたり、機嫌が悪くなりそうになると、「そのままだと運気が落ちるよ」と守護霊様からの声なき声というか、目に見えない誰かにそう言われているのを感じます。はっきり声が聞こえるわけではないのですが、直感がそう伝えてくれているという感覚でしょうか。

なので、イラッとしたり、機嫌が悪くなりそうなときには、自分がご機嫌でいられるよう、自分の機嫌を自分でとることを心がけています。

結局、自分が宇宙に投げかけたものしか、降りかかってこないのです。自分の感情と運気は密接に関係しているのです。ご機嫌でいる時間を増やし、ご機嫌な感情を宇宙に投げかけ続けていけば、宇宙にご機嫌という感情がたまっていきます。そうすれば、自然にご機嫌な現象が降りかかり、楽しい人生を歩むことができます。

いつも機嫌が悪い人がいますが、こういう人はいつも不機嫌を宇宙に投げかけているからこそ、不機嫌になるような現象が降りかかってくるわけです。

世の中にはこの「不機嫌スパイラル地獄」にハマって抜けられない方が多く存在します。一刻も早くこのルールに気づき、抜け出せることを祈ります。

人間だから誰だって怒りますし、怒鳴りたくなることも、イライラすることもあるのは当然です。ただ、それがあとで必ず自分に降りかかってくるという宇宙のルールを理解しておけば、いつまでも怒ってはいられません。命をかけて不機嫌の時間を短くしようと思いますよね。少なくとも私はそう心がけています。

なお、意識的に機嫌良く過ごすために、1日に15分でいいので、とっても良い気分になれる時間を設けてみましょう。ちなみに私はお風呂が大好きで、時間があれば毎日1時間ほど入っています。良い気分に浸れるよう電気を消して、好きなアロマを湯船に垂らし、好きな飲み物を飲みながら、川のせせらぎや鳥のさえずりが聞こえる動画を流したりしています。五感を同時に刺激しながらボケっとする時間はこの入浴時間しかありません。

こんなふうに意識して自分がとっても良い気分になれる時間を演出することで、自分の機嫌は良くなりますし、何よりリフレッシュもできるのです。嫌なことがあったときに気持ちを切り替えることも上手になれると思いますよ。

「鼻歌」で不機嫌から脱出する

最近、私はイライラしたり、怒りが爆発しそうといった具合に、不機嫌になりそうなときは一刻も早くその状態から抜け出すため、まず笑顔をつくります。そして鼻歌を歌うようにしています。「森のくまさん」なんていいんじゃないでしょうか。上から見ている、目に見えない存在の神様たちからすると、すごくけなげというか、可愛く見えると思うんです。

上から見ている神様たちは、いつもえこひいきする対象を探しています。そこに引っかかってえこひいきしてもらうためには、やはり可愛げというものが絶対に必要だと思うんですね。特に足りないのが可愛げだったりするわけです。

自分の運気を上げたい、もしくはこれ以上、運気を下げたくないがゆえにもがいている人間の姿って、けなげで可愛いですよ。**しかも、怒っていたら運気が悪くなるからと気分を切り替えて、いきなり鼻歌を歌い始めたら、めちゃくちゃ可愛いと思えます。そんな人間に神様は微笑んでくれるような気がするんですよね。**

私が仮に神様でこんな人間を見かけたら、あまりにも微笑ましくて「こいつの人生を何とかしてやりたい、こいつが喜ぶことを何かしてあげたい」と思います。

神様と人間の関係性は、人間同士の関係とまったく一緒だと私は思っています。

可愛げのある人は、神様からも、まわりの人からも「何とかしてあげたい」「この人が喜ぶことがしたいな」とえこひいきしてもらえるというわけです。

人や神様に好かれたいからといって可愛げを演出するというと、少々打算的に聞こえるかもしれません。**それでも、自分の人生をより良くしたいとか、夢や希望をかなえたいといった純粋な思いからの行動であれば、それは決して打算とはとられません。本当に頑張っている姿と受けとめてもらえるのではないでしょうか？**

「何か良いことあった？」は運気上昇の印

機嫌が悪いわけでもなく、怒っているわけでもなく、ごくふつうにフラットな気分なのに、「あれ、今日は何か機嫌が悪い？」「何か怒ってる？」と言われたことがありませんか？　そうした経験は誰にでもあると思います。でも、目の前の人に言われる

屋

ということは、自分が意識していなくても、どこか不機嫌波動を出している自分がいるのです。

自分が機嫌良くしているかどうかを決めるのは、常に目の前にいる人です。ですから、「何か怒っている?」などともし言われたとすれば、それはもう重罪。即自分の機嫌をとることをおすすめします。

目の前の人に不機嫌とジャッジされたのなら、不機嫌波動を宇宙に投げかけているのです。すぐに鼻歌を歌ったりしてリカバリーしていきましょう。

逆に、これを目の前の人に言われ始めたら、絶対に運気が上がっているという、魔法の言葉があります。それは、

「何か良いことあった?」

です。こんなことを言われるときは心が完全にウキウキしている状態で、それを目の前の人に指摘されるのは、ウキウキした感情が表情に、にじみ出てしまっていると

いうことです。

これを言われ始めたら、人生が変わる、好転し始めること間違いなしです。自分のウキウキ、ワクワクしている波動が知らず知らず出てしまっている、ということはつまり、それをすでに宇宙に投げかけてしまっているわけですから。これはすごくポイントも高いはずです。

「何か良いことあった?」のほか、「最近よく笑うね」「最近、元気良いよね」などと言われ始めたらしめたもの。その境地に自分をもっていくためにもまずは自分の機嫌をとるか、もしくは、嫌なことが多少あってもニコニコしている自分を演出する。そんな実践を常日頃からしていく。そういった些細な積み重ねがあなたの運気を大きく上げていくのです。

Column

自分の運気を上げると、運気の高い人にめぐり会える

同じ趣味をもつ人同士って、仲良くなるのが比較的かんたんですよね。類は友を呼ぶということわざどおり、この世の中は同じ振動数をもつ人が引き合うようにできています。あなたを取り囲む人たちはみんなあなたと似ている波動をもっているから、引き寄せ合っていることになります。

つまり、あなたの運気を上げれば、運気の高い人とめぐり会えることになります。しかも、運気の高い人のそばにいると、自分の波動も引き上げてもらえます。

では、どうしたら運が良く、波動の高い人たちの中へ入っていけるようになるか。そのためには、自分の運気を積極的に上げるための努力をする必要

があります。

ゲーム「ドラゴンクエスト」でも、序盤の武器「ひのきぼう」しか持っていないのに、いきなりラスボスに出会うことはありません。一番低いレベル1から弱い敵をコツコツとたくさん倒しながらスキルを身につけて、真に強くなったところで、ようやくラスボスと対峙できるわけです。

それと同じで、まずは自分でコツコツと日々実践を積み重ねて、自分のレベルを高めるしかないのです。しかも、手に入れたらそれを自由に使いこなせる自分でなければなりません。

自らの運気を上げることは決して難しいことではありません。コツコツと努力を積み重ねることができれば、必ず運気は上がります。そして、運気の高い人たちの仲間入りをはたせます。そのときこそ、自分が変わるタイミングなのだと受けとめてください。

櫻庭流　金運アップ術

人のためにお金を使う

人はなかなか他人のためにお金を使わないものです。恥ずかしながら私も昔はそうでした。そもそも誰かのためにお金を使うという概念がなく、なるべく自分の財布からお金を出さないようにしていました。たぶん、ほとんどの人がそうではないかと思います。

35歳で人生の師・小林正観さんと出会って以降、その考えも大きく変わりました。正観さんをはじめ、さまざまなジャンルで活躍する人たちと知り合うことができましたが、中でも「この人は素晴らしい、この人から学びたい！」と感じた人たちを見ていると、みなさん一様にお金の使い方が美しいのです。常に誰かのためにお金を使っていて、その姿にかなりの衝撃を受けました。

「人のためにお金が使える人は、お金持ちだからだよ」、あなたはそんなふうに思ったことでしょう。残念ながらそれは違います。私の師匠たちはみなお金持ちですが、一代で財を成してきた方々です。昔は貧乏時代を経験したきたそうです。けれど、常に人のためにお金を使ってきたのです。といっても貧乏なときは大きな金額ではありません。缶コーヒーやお茶など100円ほどですむものです。

そこでハタと気づきました。お金がないときから、そうやって人のためにお金を使っていたからこそ、お金がまわりまわって今、豊かに暮らせているのだなと。

もちろん、本当にお金がないのに大盤振る舞いをする必要はありません。無理のない範囲でいいんです。たとえば、会社の昼休みに、ちらっとコンビニへ立ち寄ったついでに会社の同僚にコーヒーやお茶を買ってあげるぐらいのことでいいんです。

毎日100円、200円ぐらい他人のためにお金を使ったからといって、あなたの人生に何の支障もないはずです。**要は、誰かのために買ってあげるというマインドがあるかないかで、その後の金運が大きく変わってくると思うんです。**

お金にはお金の神様がいて、お金の神様に喜ばれる存在でないと、お金は決してやってきてはくれないと思います。１００円でも、２００円でも人のためにお金が使える人のところには必ず、積もり積もってドカンと大きなものが入ってくる。いろいろな人のお金の使い方を見ていてそう確信しています。

粋なお金の使い方をする人に感化される

正観さんのところへ通い出して間もない頃です。Aさんという方の主宰で経営者、実業家の方々と一緒に食事をしました。ワインをみんなで飲んだのですが、本当に今まで飲んだことがないくらいおいしかったんです。みんなが口を揃えて「おいしいね」と言ったからだと思いますが、Aさんはスタッフを呼んで「このワイン買えますか？」と聞きました。「買えます」とのことで、すかさずAさんは「じゃあ6本ください」と人数分を注文。さらに送付できるかどうかも確認し、それぞれの元へ宅配便で送る手はずをとってくれたのです。

その場の感動をみんなで共有するだけでなく、帰宅後もそれぞれが家族と感動をシエアできるよう、それぞれの自宅へワインを送る。そういう心配りをさりげなくできてしまう人たちと日常的に一緒にいると、こちらもだんだん感化されてきます。そういう思考回路が1ミクロンも私にはなかったのですが、「こうやって人も喜び、お金も喜ぶ使い方をしている人のところに、お金は集まってくるんだな」と再認識できてとても勉強になりました。

人に喜ばれるお金の使い方ができるAさんのような人が身近にたくさんいたので、すっかり洗脳され、いつしか私も人に喜ばれるお金の使い方が身についていったように思います。

お金の流れを変える10%ルール

聖書のマラキ書の一節に次のようなことが書かれています。

『あなたがたの全収入の十分の一を蔵に携え入れ、わたしの家に食物があるようにしてみよ。それによって、今わたしを試みなさい。そうすればわたしは天の窓を開いて、あなたがたに祝福をそそぎ下ろすほどに与えるかどうかを見よ』

解説すると、神様は「この10分の1ルールを実践してみなさい、そうしたら私がとっておきのおもしろい現象をあなたたちに見せてあげるよ」と言っているわけです。あなたが少し誰かに分けることで、神様がもっとたくさんの良いことをしてくれるという、神様との約束なのです。

この話が元になって10%ルールが世の中に伝わったのだと思います。給料が30万円の人だったら、そのうちの10%の3万円を寄付したり、誰かのために使うということです。

これを実践している人に、神様は天の窓を開いてあふれる恵みを降らせてくれる。だからAさんはお金持ちになったのではないかと私は思っています。

実際、世の中の大富豪で、この10%ルールを守っていない人はいません。私のまわりの成功者たちも必ず守っています。みんな「自分のところに入ってきたお金の10%

以上は誰かのために使う」と決めているのです。

そう考えると、お金持ちの人は実はけっこう大変です。お金があればあるほど10％の金額が増えていき、それを人のために使わなければいけないのですから。年収が1億円であれば、10％は1000万円になるので、毎月約80万円は人のために使うことになります。

「神様財布」のすすめ

私は以前、「神様財布」という、もう一つ別の財布を持つことを多くの人に提案したことがあります。

たとえば給料の30万円が入ったとします。そうしたら、3万円を「神様財布」に入れておくわけです。この財布に入った3万円は、「次の給料が入るまでに誰かを喜ばせるために使い切る」とマイルールを決めておくんです。そんなふうにするとお金の流れが本当に変わってきます。

この「神様財布」を実践したある女性は、田園調布に億ションを買いました。嘘のような本当の話です。

もちろん、お金のない人は10%が厳しければ、5%でも、3%でも大丈夫です。とにかく誰かを喜ばすことに使えばいいんです。無理をする必要はありません。でも、その積み重ねがじわじわと自身の運気に必ず効いてきます。

なお、強力にお金の流れを変える方法をお伝えしておきます。臨時収入があったとき、1回ぐらいはすべてをスルーしてみましょう。たとえば、5万円の臨時収入が入ったら丸ごと全部、誰かを喜ばせることに使ってみるのです。

私にこのことを教えてくれた人はすべての臨時収入をスルーしていました。やはりお金の流れが変わってくるのです。

私は「こうしたら、こうなるよ」といった話を聞くと、やらずにはいられない性分なんです。本当にそんなことってあるのかな？　そんなことってあり得るのかな？と半信半疑のこともあります。トイレ掃除がまさにそうでした。

トイレを掃除して臨時収入が入るなんて信じがたい、でも、おもしろそうと思って人体実験のつもりでやったわけです。お金というかたちでハッキリとは認識していませんが、そのとき私が欲していた偉大なる方々とのご縁がたくさん訪れました。人生は誰と出会って誰と過ごすか、です。ご縁ほど素晴らしいものはありません。トイレ掃除をコツコツと積み重ねた甲斐があったというものです。

10%ルールも、「本当かな」と疑っている人がいるかもしれません。でも、とりあえず人体実験だと思って、楽しみながらチャレンジしてみてください。それで金運がアップしたら、それこそ儲けものなのですから。

コスモスバンクとコスモスローン

これはあくまで私の世界観なので正しいかどうかわかりませんが、これまで経験してきた中で実感していることなので、みなさんにもお伝えします。

この宇宙には、コスモスバンクとコスモスローンという2つの銀行があると思って

います。自分がこれまで生きていく中で投げかけてきたもの――さまざまな感情や行動などすべてが、この2つの銀行に振り分けられて貯まっています。

コスモスバンクには、人のためにどれだけお金を使ったか、人のためにどれだけ汗を流したか、人のために何をしてあげたかなど、プラスのエネルギーがどんどん貯まっていきます。

一方、コスモスローンには人にお金を使わせたり、迷惑をかけたり、人から何かしてもらうのが当たり前、感謝がないなど、マイナスのエネルギーがどんどん貯まっていきます。

まずはコスモスローンを返済する

私は正観さんに出会うまでの35年間、愚痴や泣き言、悪口を言い、不機嫌な時間が多かったと思います。そう考えるとコスモスローンへのマイナスエネルギーの借入残高が尋常ではないわけです。当然、コスモスバンクに貯金はゼロ。こんな私が明日から突然、一発逆転して運気が良くなるなんて、到底考えられませんでした。

たとえば、ローン会社に1億円の借金をしていたとしましょう。そんな人が「どうやったらすぐにお金持ちになれますか?」などと言ったところで、解決策などあるはずもありません。

まず今やるべきことはお金持ちになることではなく、このコスモスローンの借金を1秒でも早く返済し、借入残高をゼロにすること。それから運気を上げる以外に道はないと、私は悟ったのです。

あとは覚悟を決めて、人生の師・正観さんに言われた3つのこと(99ページ参照)を命を懸けてひたすら実践することにしました。

正観さんに「師匠に言われたことをどれだけやったら、私の運気が変わるのでしょうか?」とたずねたら、「3年」と言われました。あまりの長さに失禁しそうになりましたが、今この瞬間から実践をスタートするしかありません。私はコスモスローンに膨大なマイナスのエネルギーを貯めていたので、それはしかたがないことなのです。受け入れて実践あるのみ。

お金は一つのエネルギー

お金もエネルギーなので、出し入れはプラスとマイナスのエネルギーに比例します。**プラスのエネルギーが高い人にお金は入ってきますし、マイナスのエネルギーが強い人はお金に苦労するでしょう。**

自分の財布からお金を出すことを嫌う人は、コスモスローンが貯まりがちです。しかも、そういう人に待ち受けているのが臨時出費。コスモスローンが貯まれば貯まるほど、追い打ちをかけるように臨時出費が多くなります。

自分の身に起こることはすべてメッセージと思って受けとめましょう。臨時出費があったときに、「なぜ私ばかりが……」と悲観的に考えていると危険です。臨時出費の意味に気づかない人には、病気というかたちでお知らせがくる場合もあります。気をつけましょう。

櫻庭流 運気アップのおすすめ習慣

時間とエネルギーをくれる人にはお返しをする

ご存じの方も多いかと思いますが、私は現在、開運YouTuberとして「櫻庭露樹YOUTUBE運呼チャンネル」を開設し、開運に関するさまざまな話を展開しています。ありがたいことに登録者数は26万人を超え、おかげさまで好評をいただいております。また、全国各地で講演活動も行っています。

YouTubeを見てくださっている方々、講演会の会場に足を運んでくださる方々には、たくさんの時間とエネルギーを使っていただいています。

だからこそ、何とかそれに見合うものを提供したいと強く思っています。毎回、楽しく、そして有益だと思っていただける情報やメッセージを発信できるように心がけています。根っこがエンターテイナー気質なのかもしれません。小学生の頃からクラスのみんなを笑わせたい一心で、いろいろなことをしていましたから。

それと私の中で「ありがとう」「笑顔」のほかに、もう一つ決めていることがあります。それは、

素直に、その人が喜ぶリアクションをすること。

誰かが一生懸命話してくれたことに対して、「おもしろいね」とリアクションすれば、相手はうれしい気持ちになりますよね。何か食べ物をつくってもらったり、いただいたら「おいしいね！」と心の底から言います。

出川哲朗さんみたいにオーバーリアクションで、人を喜ばせていきたいといつも思っています。相手が喜ぶ言葉で返すというのは、もう習慣みたいなものですね。

自分の目標をスマホの待ち受けにする！

私は毎朝、その日一日の目標を確認してからスタートします。今日一日をどう生きていくのかの再確認です。以前は、「今日一日超ご機嫌！」などと1日の目標を決めたら、それを書いたメモをスマホの待ち受けにしていました。

知っていましたか？　私たちは平均するとスマホを1日に300回見ているのです。ということは、目標を待ち受けにすれば、スマホを見るたびに自分の潜在意識の中に目標の落とし込みができるし、自分が実践できているかを確認できる。だから、スマホの待ち受けにその日の目標を書いていたのです。

ただ、今年に入ってからは大谷翔平選手の写真を待ち受けにしています。

今年は、人生大谷翔平化計画を、自分の中で絶賛、実践中だからです。

大谷選手は2023年12月にドジャースと10年総額7億ドル、日本円で約1015億円という超大型の契約を交わしました。しかも、球団の財政負担を考慮し、その契約額のうち、97％にあたる6億8000万ドル（約986億円）を後払いにするという、これまた異例の形式を選択しています。

ふつうなら、全額もらって投資するとか、少なくとも自分のためにどう使おうかと考えるところですよね。

でも、大谷選手は違うんです。球団にプールしておけば、補強費など球団が必要な経費に使えるはずだからと、こういう契約にしたのです。そんなかっこいい人いないですよ。

しかも、いつもそばで通訳として活躍している水原一平さんの年俸が2億円とか。通訳で2億円って破格な金額だと思います。

その気遣いも素晴らしいなと思っていた矢先、2024年元日に起きた「令和6年能登半島地震」にも追悼の意を表すと同時に、球団と共同で100万ドル（約1億4500万円）というこれまた桁違いの寄付を行っています。

まわりの人たちに喜ばれるお金の使い方をされている。カッコいいという言葉ではおさまりきれないほど、カッコいい人です。人柄も良いですし、彼を悪く言う人は全世界規模で見てもいないでしょう。

大谷選手のような思考回路の人格者になりたい。もちろん、私と大谷選手とでは地球と月ぐらい離れています。それでも毎日0・1ミクロンでも近づくことができれば、死ぬまでに10センチぐらいは近づいているかもしれません。

はたして私は大谷選手に日々0・1ミクロンでも近づけているか。

そのことを、スマホの待ち受けを見るたびに確認しているというわけです。

確認作業を続けることで目標に達する

人間はとかく忘れていく生き物です。どんなに夢や希望や願望があっても、そこに向かってほんの少しでも近づいているか、日々確認している人はほとんどいないと思います。でも、かなえたい夢や希望があるのなら、今日はどれだけ努力したのか、少しでも近づけたかと確認することは大事です。

その確認作業をし続けた人が、夢や希望をかなえていくのだと思います。

オリンピックの金メダルを目指しているスポーツ選手を思い浮かべてみてください。彼ら彼女たちは、片時も金メダルのことを忘れないはずです。金メダルを獲得することを4年間ただひたすら考え続け、プライベートの時間を犠牲にして、つらい練習を続けているわけです。

しかも、そんなに日々努力を重ね、自分がどれだけ目標に近づけているかを確認しながら前へ進んでいる選手たちでさえ、全員が金メダルを獲れるわけではないのです。

大きな夢や希望があってそこに到達したいという思いがあるなら、そこへ向かって努力しつつ、近づけているかを毎日確認してみてください。それをするかどうかで、夢をかなえられる確率は歴然と変わってくるはずです。

「陰徳を積む」を実践する

運気を高めるには人知れず徳を積むこと

私は、運は貯めるものだと思っています。さながら宇宙から与えられたポイント制。いざというときに使えるよう、ふだんから貯めておく必要があります。

たとえば、「この試験に必ず合格したい！」とか、「この仕事だけは絶対に成功させなければいけない」、そんな大事なイベントが人生にはいくつも存在します。そのときにうまくいくかどうかはすべて運、運のポイント次第なのです。

では、どうやって運のポイントを貯めていけばいいのか？

それは、徳を積むこと以外にありません。

徳には陽徳と陰徳があります。陽徳はまわりの人が見ても「ああ、人のためにこんなに良いこと、素晴らしいことをしている」とわかる徳のこと。「私、こんな良いことをしました」とフェイスブックやインスタグラムにアップしている人がいますが、これは陽徳になります。

でも、この陽徳は残念ながらノーカウント。ポイントとして加算されません。

反対に陰徳とはその言葉どおり、誰も見ていないところでこっそり良いことをしたり、誰かのいいところをこっそり広めたりすることを指します。

誰かが見ていなくても、知らないところで「人のために何かをする」ことができる人は、人間的にも非常に魅力的です。**そして、この陰徳がポイントとして積み重なっているると、いざというときに効力を発揮し、運を味方にできるのです。**

聖書には「右手ですることを左手に知らせるな」と書かれています。

どんなに右手が良いことをしても、左手にすら知らせてはいけないということです。

つまり、自分が徳を積んでいることを他人にアピールすべきではないのです。

一人会議で毎日、自分との約束の再確認

先ほどの人生大谷翔平化計画のところでふれましたが、私はその日にやることを毎朝、決めています。そのために、よく一人会議をします。

たとえば、このように現在完了形で、その日の自分との約束ごとを決めるのです。

今日一日の7か条

①出会った人に親切丁寧に接しました。
②明るく元気に過ごせました。
③謙虚に素直に感謝して過ごせました。
④決して不機嫌にならず、ご機嫌で過ごせました。
⑤笑顔と愛のある言葉で過ごせました。
⑥悪口を言わず、目の前にいる人・いない人を褒めました。
⑦ご先祖様、守護霊様に生かされていることに感謝しました。

そして、1日の終わりには、その約束が守れていたかどうかを振り返るのです。

約束ごとは、思考回路、行動、食事、人間関係、環境の5つから組み立てるようにしています。

思考回路とは「人に優しくしよう」といった意識の働きかけのようなことです。

2つ目の行動は「今日も一日、人知れず徳を積む」など、密かに誓うことが多いです。行動で大事なのは陰徳だからです。

3つ目の食事は、人間の体と考え方をつくりあげる大事なものですから、ジャンクフードやコンビニ弁当、ファーストフードなど、波動の低いものは極力摂取しないようにしています。

4つ目の人間関係に関しては、出会う人は自分の鏡と考えます。中には、「この人ひどいなぁ」と思う人もいますが、すべては鏡。自分も気づかないうちに同じような言動をしていることを、目の前の人が教えてくれているのです。

出会う人次第で人生はいかようにも変わります。いい人とのご縁が欲しいなら、ま

ずは自分が先にいい人にならなければならないのです。

5つ目の環境も自分との約束ごととして大事な要素です。人は知らず知らず環境から多大な影響を受けています。そのため、私は毎日、今日一日をどんな環境で過ごそうかと考えます。できるだけ波動の高い環境で過ごせるように心がけ、自分の家や部屋は物が少ない、きれいな環境であるようにしています。

この5つの視点で自分がその日一日をどう過ごすか、一人会議をやってみてください。毎日の過ごし方が変わってくるはずですよ。

人間関係という環境が運気を左右する

自身を取り巻くモノや場所も、あなたの運気を左右する環境です。とりわけ、周囲の人間関係は、あなたの運に大きく影響してきます。

先ほどもお伝えしたように、つきあう相手次第で人生は変わります。ある意味、人との出会いこそチャンスの宝庫です。**自身の運気をアップさせる上では、どんな人た**

ちと人間関係を築いていくか、そこを意識することが非常に重要になってきます。

自分の運気のバロメーターとして、運気が高いのか低いのかがわからないときは、今、誰と出会って、誰とともに何をしているかを確認してみてください。自身の人間観系を観察していくと、自分がどの程度の運気なのかがわかります。

たとえば、会社の中で「あの部長の言い方、ムカつくよね」といった具合に、上司などの悪口を言っている女性グループがあるとします。あなたもその輪に加わっていませんか？　人の悪口を言う人たちの波動は非常に低いですし、その場にいるだけで自分の波動も著しく下がってしまいます。

友人関係でも、そんなに楽しくないにもかかわらず、何となくつきあって愚痴を聞いていたりしていませんか？

日常的な人づきあいを変えるのは勇気のいることです。**でも、悪口や愚痴を言う人たちと惰性でつながっているよりは、いっそのこと関係性を絶ってしまうほうが、よほど前向きな選択といえます。**

惰性の人間関係に時間を使うより、自分が憧れる人、成功している人の隣にいるだけで、どんどん運気はアップします。

私は35歳で人生の師匠・小林正観さんと出会いました。「この人のようになりたい」という一心で、それから3年ほどずっと正観さんのそばにいました。そして、正観さん以外にも、さまざまな素晴らしい人たちと出会うことができました。その結果、今の自分がいるのです。

正観さんと出会って以降、運気の高い方々にたくさんご縁をいただけるようになりました。これこそまさに運気のバロメーター。幸せな毎日を過ごせているのは、良い出会いが続いているからだと確信しています。

執着からの脱却は即効性の高い開運法

最後にとっておきの開運法をお伝えしましょう。

どうしたら運が良くなるかをずっと研究してきて、わかったことがあります。**それは、ものを手放すのが最も効果的だということです。すなわち、執着からの脱却です。**

あなたの家の中にはいろいろなモノがありませんか？　「モノがたくさんある＝モノへの執着」です。ふだん使ってなくても、「値段が高かったから」とか「いつかは使うと思うから」と、なかなかモノを捨てられないという話もよく聞きます。実際、私自身もそうでした。

でも、こんなことがあって私は変わりました。

師匠・正観さんとの出会いをきっかけに、運が良くなる実践を続け、頼まれごとで全国各地を講演でかけまわっていた頃のことです。

いきなり大きな仕事が一気に3つも頓挫してしまったことがありました。自分も運がまわってきたなと思い始めた矢先に、仕事がすっと消えてしまったわけです。

「これはマズイ」と焦る気持ちもあったのですが、同時に「何か試されているのかもしれない」と考えることにしました。

後日、尊敬する方と食事したときのことです。

私が仕事の話をする前に、そのBさんが「最近仕事落ちてない？」とひと言。ビックリして「なんでわかるんですか？」とたずねました。するとBさんは、「そりゃわかるよ、どうすればいいか聞きたい？　私の言ったことをやりますか？」とたずねるのです。内心焦っていましたから、「やります、絶対にやります」と即答しました。

そんな私に向かって、Bさんはこう言いました。

「部屋が汚い」

私の部屋をBさんに見せたことなんて、もちろんありません。続けてBさんはこう言いました。

「とにかくモノが多すぎる。本気で人生を変えたかったら家の8割を捨てなさい。8割は使っていないんだから、使っていないモノは徹底的に捨てる、実践すればどうなるかわかる」

「使っていないモノは全部捨てる＝人生が変わる」というわけです。しかも、全部捨てれば即効性があるとのこと。

そう聞いてしまった以上、人体実験好きなのでやらずにはいられません。「全捨離」モードのスイッチが入ると同時に、それから帰って寝ずに捨て続けました。２日間でモノを8割捨てたのです。

B師匠からは、「床面積を広げ、床を磨くこと」と言われていたので、使っていなかったソファー、洋服ダンス、本棚、机、食器棚など、大物の家具類も処分し、床面積を徹底的に広げました。

何もなくなった部屋を見渡すと、そこには今までとは違う景色が広がっていました。

全捨離の効果が現れる

師匠の言うとおり、全捨離の効果は絶大。捨てている最中からも奇跡降臨。

「8割捨てるぞ」と固く誓いながら捨てていると、1件のメール着信。見てみると、頓挫した大きな仕事3件のうちの1件で、「検討した結果、櫻庭さんにお願いしたい」との返事が！

なんだこの結果の速さは⁉　これが全捨離効果なのか⁉

ここで私の心に大きな火がともるわけです。これはおもしろい！　やるしかない！

と全力で捨てたのです。

結局、3件なくなった仕事のうちの2件が返ってくるという奇跡を見せていただき、絶大な効果を確信したのでした。

その後もおもしろい仕事の依頼が続々と舞い込んできただけでなく、過去最高の増収増益も達成しました。

何より私自身のモノに対する考え方が変わりました。モノには魂があるということに気づくことができたのです。**モノは大事に使えばプラスの波動、大事にしないとマイナスの波動を生み出すことになり、それは持ち主に向いていくのです。**

モノが放つマイナスの波動によって運気が下がり、物ごとがうまくいかなくなったり、健康を害したりといったことが起きることがわかってきました。

どうせ使わない、言い換えれば、役割を与えていないモノは、ため込めばため込むほどマイナスの波動もまた貯まります。使わないものは捨てて、本当に大切なものだけを残して大事に使い込んであげるほうが、あなたの運気も上がるというわけです。

小さい頃、「モノを大切にしなさい」と誰もが言われて育ってきたと思います。でも、ここでいう「大切」とは、使わなくても置いておくことではなくて、ちゃんとモノとして使ってあげるということです。

こういう見えない〝モノの波動〟も味方につければ、人生も速攻で良い方向へ進んでいきます。まずは全捨離を試してみてください。

結局人生というのは、「あなたが大切にしたものからしか、大切にされない」ということなのです。

第4章

「思考」を変えると「現実」が好転する

大石洋子

思考のしくみを知るだけで人生が変わる

思考が現実化すると知り、感謝が自然に芽生えた

第4章では、私（大石）の得意分野である〝思考〟にフォーカスをあてておはなしします。自分の中に潜む、潜在意識を味方につけて、より良い人生へと舵を切る方法がテーマです。

1974年、私は横浜中華街のそばで生まれました。父、母、妹の4人家族です。高校卒業後、百貨店の販売スタッフ、子どもの教育事業などの仕事に携わり、その後は自宅でアロマサロンを開業したりしていました。

24歳で結婚し、北海道へ嫁ぎました。30歳のときに息子を授かりましたが、夫は仕

事が忙しく、一人で育児にかかりきりでへとへと。産後うつになりました。

結婚前に携わっていた教育事業の仕事は、子どもを右脳で育てるというものだったので、自分なりに子育ての知識はあるつもりでした。でも、実際にやってみるとぜんぜんうまくいきません。それもショックでした。

北海道には知り合いもいなかったので、誰にも頼ることができません。育児に追い詰められた状況から何とか逃れたくて、以前自宅でやっていたアロマサロンを再開しました。けれど、これは逆効果でした。育児だけでなく、業務にも追われることになってしまい、夫との関係も悪化し、とうとう離婚。39歳のとき、逃げるように関東へ戻ってきました。

第1章でも少しお話ししましたが、当時は両親との仲も最悪だったので、離婚しても実家を頼るという選択肢が私にはありませんでした。

子どもと二人の暮らしがスタートしたものの、切羽詰まった状況に変わりはありません。この状況を何とか打破しなければと思っていたときに出会ったのが、『ザ・マジック』という本でした。無我夢中で読み、そこに掲載されていたワークを藁にもすがる思いでひたすらこなしました。

その他にも自分の心を見直さなければいけないと思い、いろいろな本を読みました。

そんな中で出会ったのが『100%自分原因説で物事を考えてみたら……』（秋山まりあ著　パブラボ刊）という本です。そこに「思考のしくみ」についても書かれていて、非常に感銘を受けました。

この本で教えられたのは「自分の思考が現実をつくっている」ということでした。驚いたのは、その本を読んだあと、両親と劇的に仲良くなったことです。

それまでの私は、両親との関係を見直そうなどとはまったく考えたこともありませんでした。むしろ避けていたぐらいです。親は、私の言うことや、やることすべてにことごとく反対してくる嫌な存在で、「とにかくひどい」としか思っていませんでした。

ところが、『100%自分原因説』を読み進め、その流れでフラクタル心理学というものにも興味をもち、勉強していくうちに、私自身の両親に対する見方が変化していったのです。

「私の親はひどい」と思っていたけれど、本当は愛情をいっぱい注いでもらいながら育ててもらったことに気づけたのです。そうしたら急に感謝の気持ちがあふれてきたんですよね。親に対する反発しかなかった私の感情の中に感謝という思いが加わったのです。

自分の思考が変わったら親の態度も変化

私が両親と劇的に仲良くなったと実感できるようになれたプロセスを詳しくお話しします。

思考が現実化するというしくみを知って急激に両親に感謝できるようになった私は、ずっと疎遠だった両親への態度を改め、孫（私の息子）の顔を見せるため、月に1回は実家に行くようになりました。

思考について学んだことは両親にまったく話していません。私から「今までごめんなさい」などといった謝罪も一切していません。ところが、それまでは顔を合わせるとすぐに私を否定することしか言わなかった両親が、「女手一つで子育てを頑張っているね。偉いね！」などといった具合に、逆に私を励ましたり、褒めてくれるようになったのです。

それが最初にあった変化でした。私の気持ちはざわざわしなくなり、不安な気持ちも消えました。親のことがこんなにも自分のストレスになっていたんだということに気づき、感動しました。そして、これまでの人生でたぶん何十年も感じてこなかった安心感を得ることができました。

関係悪化の原因は自分の思考にあった

こんなこともありました。あるとき、息子が学校の書き初め大会で賞をもらったのです。そのことを報告し、何気なく「お習字を習ったわけでもないのにね」と言いました。すると母が「お姉ちゃん（私）は、昔から字がとてもきれいで上手だったからね」と言ったのです。**そんなことを覚えていてくれたんだ、見ていてくれたんだと胸が熱くなり、涙を隠すのに必死でした。**

母の何気ないひと言で、「私はかわいがられなかった」という過去の記憶が一瞬で癒やされました。まるで目の前に映し出された映画の主人公の重苦しかった人生が、突然パッと明るくハッピーな人生に切り替わったような、そんな感じでした。

そもそも私が親を嫌うようになったのは、今、振り返ってみても実にささいなことでした。3歳違いで妹が生まれたのですが、両親が妹の育児にかかりきりになっている姿を見て「私は愛されていない」「どうせ私よりも妹のほうが可愛いんだ」と勝手にいじけてしまっただけだったのです。

たったそれだけのことにもかかわらず、小学生の頃から親に嫌われていると思い込んでいたため、両親と楽しく会話をすることもありませんでした。

中学生になると親とはひと言も口をきかなくなり、不良仲間ができて、外で問題を起こしたことも何度かありました。高校卒業後、間もなく家を出て、それきり両親とはほとんど音信不通状態でした。

就職先の百貨店ではお客さんから「笑顔が良いね」と言われるほど機嫌良く生きていた私ですが、両親のことになると態度はまるで別人でした。結婚したときでさえも親には連絡しなかったぐらいです。

そんな私が心理学や思考を勉強することによって、この現実をつくり出しているのは他の誰でもなく私自身であって、「妹は愛されている。でも、私は愛されていない」という小さい頃の思い込みがどんどん潜在意識に積もって肥大し、それが現実になってしまっただけなのだと気づけたのです。

行動ではなく思考を変えて人生好転

息子には、私が両親と仲が悪いという話は一度もしていませんでした。けれど、私のそばにずっといて何かを感じ取っていたのでしょう。私の両親、彼にとっての祖父母に対しても最初の頃は憎まれ口をたたいたり、冷たくあたったりしていました。

ところが、私の中に両親への感謝の気持ちが芽生えた頃から、彼の祖父母への態度も変わったのです。自分から「じいじに会いに行きたい」と言うまでになりました。

これも息子ではなく、私の思考がつくり出した現実だったんですよね。

私が親のことを嫌っていたせいか、気づけば、私のまわりには親と仲が悪いという人ばかりが集まっていました。

私自身が、自分の思考を変えることで両親との関係が180度も変わり、生きることもすごくラクになったので、まわりの人たちにも自分の体験談とともに「どんな現実もすべて自分の思考がつくっているんだよ」ということを伝えました。

その言葉が腑に落ちた人は、いつしか両親に感謝できるようになり、同時に親子関係も良好になっていきました。中にはそれだけでなく、仕事もうまくいくようになった人もいました。


両親ではなく、配偶者との関係に悩んでいる女性もいました。自分が何かをしようとすると必ずご主人に反対されるのです。ご主人の干渉が激しく、自由に外出することもままならなくて困っていました。彼女に思考のしくみについて話したところ、早速実践してくれました。

すると、彼女が自分の思考を見直しただけで、ご主人が急に寛容になったそうです。「自分の行動に干渉しすぎだ」「束縛はやめてほしい」ということを話し合ったわけでもなかったのですが、「友だちと楽しんできて」と機嫌良く送り出してくれるようになったそうです。

自分の思考を変えるだけで魔法のようにまわりが変わる。現実に起こることが180度、変化する。彼女の体験を聞いて、いよいよそう確信しました。

思考が現実化するしくみを学び、実践すれば、スルスルと現実が良い方向へ動く。そのことをまわりの人たちだけでなく、より多くの人に伝えたいと思うようになり、私は一般社団法人思考の学校を立ち上げたのです。

自分の思考を書き換えるレッスン

潜在意識と顕在意識の関係を把握する

自分の中にあって、目には見えない思考というものをどう変えて、どのように人生を好転させていくのか。思考のしくみについてお話ししたいと思います。

思考を変えるといっても、ネガティブ思考、マイナス思考をやめるということではありません。誰かの手を借りる必要もありません。強い意志や行動力も不要です。

私がおすすめしているやり方は、潜在意識へのアプローチです。

思いにはエネルギーがあります。

その思いのエネルギーは潜在意識の中にたまっていきます。

潜在意識とは私たちが自覚できない意識のことで、意識全体の95％ものウェイトを占めています。それに対して、自覚できる意識のことを顕在意識といいます。こちらはわずか5％しかありません。ふだん、私たちは自分で考えて意識的に行動しているつもりでいますが、実は潜在意識にコントロールされて無意識に動いていることのほうが多いのです。

たとえば、「お父さんってわからず屋だよね」とか、「お母さんは心配しすぎるんだよね」などといった思いが、あたかも決めごとのように顕在意識の中にあると、それが日々積み重なって、けっこうなエネルギーとなって潜在意識に蓄積されます。

その思いがさらにもっとたまっていくと、やがてそれが現実の世界へ〝力〟をもって現れてくるのです。

つまり、目の前にいる「わからず屋のお父さん」は、他ならぬ自分自身の思いの積み重ねで現れてしまっているわけです。

私たちは目の前に現れた事象に心を動かされる習性があるので、現実が先にあって、思考はその後に出てくると考えがちです。でも、そうではなく、まったく逆です。知らず知らずのうちに、私たちは自分の思いで目の前の現実をつくり上げているのです。

かんたんにいうと、今、あなたの目の前にある現実は、あなたが自分で潜在意識にため込んだ、あなたの過去の思考によってつくられたものなのです。

たとえば、しばらく会っていなかった友人のことを思い出し、「〇〇ちゃん、元気にしてるかな？　会いたいな」と考えていたら、ある日、街でバッタリ再会なんていう、うれしい経験をしたことはありませんか？

これは偶然でも何でもありません。あなたの潜在意識に一定量たまった「〇〇ちゃん、元気にしてるかな？」という思考が目の前に現れただけなのです。

潜在意識を書き換える方法

潜在意識にたまった思考が現実をつくり出しているわけですから、思考をより良い

方向、ポジティブなものに変えれば、自分に起こる出来事も好転していきます。

では、思考をどのように変えていけば、ものごとは好転していくのでしょうか？

やり方はとてもシンプルでかんたんです。要は、焦点をあてる部分を切り替えればいいのです。

先ほどの「お父さんはわからず屋だ」の例で説明していきましょう。

これまでずっと「お父さんはわからず屋だ」という思いを積み重ねてきてしまったため、その思いのごとく、わからず屋のお父さんが目の前に立ちはだかっているわけです。そこで、これからは「理解あるお父さん」とあなたの心の中で切り替えるのです。

もちろん、最初はかなり意識的に「理解あるお父さん」と思い込む必要があります。それまでは「わからず屋のお父さん」「嫌なお父さん」といったところばかりに焦点をあてて父親を見てきたわけですから。

でも、「一生懸命働いて、私をここまで育ててくれた」「小さい頃は、いろんなところへ連れていってくれた」と良いところを見つけ出し、そのことに感謝しましょう。お父さんとのこれまでの思い出の良い部分に焦点をあてれば、必ず何か見つかるはずです。

そうやって潜在意識の中にあるネガティブなお父さんのイメージを、ポジティブなものに塗り替えていくのです。

潜在意識の8割をポジティブに

実は潜在意識は大まかに分類すると、次の3つの層に分かれています。

・ポジティブ　2割
・ネガティブ　2割
・モヤモヤ（あいまいな思い）　6割

もし、あなたの中で「お父さんはわからず屋だ」というネガティブな思考ばかりがクローズアップされていて、そこに思いが集中していると、6割のモヤモヤの層がネガティブに引っ張られてしまいます。その結果、潜在意識全体の8割が「お父さんはわからず屋」という良くないイメージになってしまいます。

でも、これを反対にしたらどうでしょう？「理解あるお父さん」というポジティブなイメージに引っ張られて、潜在意識の8割がお父さんに対する良い思いでいっぱいになります。

こうなると、今まで否定的に見ていたお父さんが自分を応援してくれる存在になり、そこから親子の関係も良い流れにのって構築していけるようになるのです。

変えるべきはお父さんではなく、まずは自分の思考なのです。

潜在意識と顕在意識の関係を把握しておく

先ほど、私たちが自覚できない意識が潜在意識で、自覚できる意識が顕在意識だとお話ししました。この2つの意識の関係と、潜在意識のパワーについてもう少し詳しく説明しておきたいと思います。

たとえば、あなたが会社に遅刻しそうになって、一生懸命言いわけを考えたとします。それは顕在意識の部分で行っていることです。このとき、「どうしよう……」とざわざわした不安な気持ちにさせるのが潜在意識です。

潜在意識には過去に思ったことや考えたことのすべてが蓄積されています。ざわざわの正体は、以前、同じように遅刻したときに上司に叱られた体験かもしれませんし、そのときに浴びた同僚からの冷たい視線かもしれません。

潜在意識は、何かの拍子でパッと登場してきます。顕在意識では言いわけを考えながら「1分でも早く着けるように、さっさと支度する！」と冷静に考えていても、潜在意識のネガティブな記憶がよみがえって、「上司に嫌なことを言われるぐらいなら、いっそのこと休んでしまえ」と思ってしまって、なぜか極端な行動に走ってしまうこともあり得ます。何しろ意識の95％は潜在意識なので、パッと出てきただけでも即、圧勝してしまうわけです。

お金に関しても同じことがいえます。顕在意識で「お金持ちになりたい」と願っていても、潜在意識が「親が貧乏だったし、どうせムリ」と思っていたら、現実として現れるのは、「お金に困る生活」です。

出会いに関しても同様のことが起こります。顕在意識では「ステキな恋人が欲しい」と願っていても、潜在意識で「どうせ私なんて誰からも愛されない」と思っていれば、「誰にも愛されない」が現実化して、ステキな恋人はいくら待っても現れません。

よく「結婚したい」と言っているにもかかわらず、なかなか結婚にいたらない人がいますよね。それは顕在意識では「こうなりたい」と思っているのに、潜在意識では実はまったくそんなことを思っていないという場合です。

顕在意識では「早く結婚したい」「独身でいると他人からどう思われるか不安」「親が結婚しろとうるさいから」などと思っているかもしれません。

でも、その思いは実はそんなに強くなくて、潜在意識では「みんなが結婚しているから、しなくてはと思っただけで、本当は結婚なんて興味ない」「自由がなくなるから結婚はしたくない」「相手を探すのが面倒」などといった具合に、顕在意識とは真逆な思考がたまっていたりするのです。

車にたとえるとアクセルとブレーキを同時に踏んでいるような状況です。これではどちらへも進みませんよね。

「現実がなかなか自分の思うようになっていかない」という方は、ご自分の思考をよく見直してみることをおすすめします。おそらく、その願いが現実化するのを妨げている自分自身の思考に気づけるのではないかと思います。

潜在意識は主語がわからない

この本のテーマは「目に見えないものを味方にするには？　応援されるためにはどうすればいいか？」です。

そのために大切なことの一つが、自己肯定感を高めることです。

自己肯定感は、人を攻撃する思考が減れば減るほど増してきます。逆に人を攻撃する思考が強ければ強いほど、自己肯定感は低くなります。

知らないうちに心の中で人を否定している人がいます。特に内気な人ほど口に出さずに、心の中で人を否定する癖がついてしまっています。

怖いのは、潜在意識には主語がわからない、という特徴があること。そのため、誰かに対して思っていることも、自分に対して思っていることも、潜在意識の中では同じこととして認識されてしまうのです。

つまり、自分としては他人を否定しているつもりでも、それがすべて自己否定につながってしまうわけです。**心の中で他人を否定し続けていると、同じ量の否定を自分のこととして、潜在意識に積み重ねてしまうことになるのです。**

自身を否定する思考が潜在意識にたまると、自己肯定感が低くなるので、何か新しいことを始めようとしても勇気が出なくなります。

潜在意識には主語がないことを常に意識して、他人への批判は自分に返ってくると思って、まわりの人を否定しないようにしたいものですね。心の中で周囲を否定しなくなれば、同時に自分のことも否定しなくなります。それだけで、かなり気持ちはラクになりますよ。

これこそが潜在意識を自分の味方にするコツです。

子どものときは誰でも「あれをやりたい」「これをやりたい」と無限にやりたいことを思いつきますよね。生まれつき誰の心の中にも「やってみたい」という好奇心が備わっているんです。そこには、他の誰かや自分を否定する感情はみじんもありません。

否定する気持ちに邪魔されないから、次々に「あれをやってみたい」という思いが湧いてきて、それを行動に移せてしまうわけです。

長く生きていると、知らないうちに人を否定するクセが身についてしまったりします。でも、そんな自分に気づくだけでOK。そこから思考を書き換えていくことができます。

思考の書き換えは、気づくことから始めます。具体的な方法は次で説明しますね。

思考を書き換えるメソッド

自分が願う人生を現実にするためには、自分の潜在意識にためる思考を書き換えていく必要があります。それはどのようにしたらよいのか、これから具体的な実践方法をお話しします。といっても、やり方は実にシンプルでかんたんです。

ステップ1　気づく
⬇
ステップ2　認める
⬇
ステップ3　あやまって感謝する

この3つのステップを実践するだけです。これだけで現実はスルスルと変わっていきます。

ステップ1の「気づく」の作業としては、自分が今抱えている問題について感じている、誰かや何かに対するネガティブな思考をまずは書き出してみます。それらを見ると「私は、こんなことを思っていたんだ」「こんなことでいじけていたんだ」など、自分でも思いがけないことがたくさん出てきて驚くはず。これが「気づき」です。こうして気づけただけでも、潜在意識の深い部分で癒やしが始まります。

人によってはこれだけで張り詰めていた気持ちがほぐされ、思わず涙がこぼれてしまう場合もあります。

「気づく」ことができたら、次はステップ2の「認める」の段階に入ります。

自分の中のどろどろした感情、相手への腹立たしい気持ち。超ブラックなどんな思考も否定せず、「そんな私もいたんだ」「そんな思いを受けとめずにフタをしていてごめんね」と優しく認めます。

それから、その誰かや何かに対して感じているネガティブな思いを、自分が誰かにさせてこなかったか？　を考えてみましょう。きっと思いあたる方がいると思います。

そして、最後の「あやまって感謝する」のステップです。思いあたる方たちに、心の中でこんなふうにあやまってみましょう。

「今まで気づくことができなくてごめんなさい。ありがとう」「お父さんは私のことを大切に思ってくれていたのに、反発ばかりしていた。許してね。今まで育ててくれてありがとう」と、これも心の中で言うだけでOKです。

この3ステップで、あなたの潜在意識が劇的に変わっていきます。

潜在意識が変われば現実も変わっていきます。早い人なら、3か月で現実に変化が起き始めます。ぜひ、潜在意識にたまっている〝思考を書き換える3ステップ〟に取り組んでみてください。

人間関係を変える思考のレッスン

被害者意識ではなく、創造者の視点をもつ

自分が嫌だと思うことをされたときは、どうしてもその人のことを否定的にとらえてしまいがちです。その場で、「でも、あの人は良い人なんだ」「以前には、こんな良いこともしてくれた」などと気持ちを切り替えるのはけっこう難しいことです。

とはいえ、そのことで自分が行き詰まってしまうようなら、自分はいったい何に対して嫌な気持ちになっているのか、しっかり見つめることから始めてみましょう。

誰かに嫌な思いをさせられたときは、かなり被害者意識が強くなっています。

「私が感じているこの嫌な思いは、あの人によってつくられた現実であって、私がつ

くった現実ではない。だから私がこの現実を変えることはできない」。こんなふうに感じているかもしれません。

でも、この嫌な現実は、実は私の潜在意識に知らないうちにため込んだ思考からできあがったものだとしたら？

そんなときも、そこに気づきさえすれば大丈夫です。嫌な現実を変えていけます。「私は被害者、これは変えられない現実なんだ」と思うより、「この変な嫌な現実をつくったのは、私のおかしな思考が原因」と考えたほうがいいということです。

そして、現実を好転させたいのであれば、「私のどんな思いが、このおかしな現実をつくってしまったのだろう」と考えてみてください。そうやって自分の中の思考を振り返ってみて、「自分の中のこんな思考が、こんな変な現実をつくったのかも……」ととらえることができればしめたもの。

被害者の視点ではなく、創造者としての視点で、嫌なこと、目の前のつらい出来事を見つめる。それができるようになると、人生は劇的に変化していきます。

自分のネガティブさを愛してあげる

私たちは基本的に自分のネガティブな部分を見たくありません。そのため、「私は間違っていないし、悪くない。あなたが間違っていることを証明します」という態度になりがち。

自分を守ろうとして心の中で誰かを批判したり、「あの人より私のほうがまし」と思うことで自分を保とうとしたりします。こんなことを小さい頃からずっと繰り返してきてしまっているわけです。その思考がおかしな現実を生み出し、人間関係のトラブルのもとになるのです。

もちろん、どんな人にもネガティブな思いは必ずあります。先ほど説明したように、潜在意識の中の2割はネガティブなのですから。私にもありますし、聖人君子のような人にもあります。

ネガティブな気持ちがあることは決してダメではありません。

むしろ、「ネガティブな気持ちをもっている自分はダメなんだ」と思ってしまうほうが危険です。ダメだと思ってしまうと、自分のネガティブな気持ちを一生懸命に隠そうとします。隠そうとすればするほど、潜在意識の中にどんどんネガティブ思考がたまってしまうのです。

だから、大切なのは、ネガティブな自分の思いをただただ認めてあげること。「今、とても怒っているよね」「今、とてもあの人をやっつけたい気持ちだよね」といった具合に、自分のネガティブな声を拾ってあげるのです。難しいかもしれませんが、自分のネガティブさを愛してあげるといった感じでしょうか。

でも、そんなふうにネガティブな感情に同意してあげたり、愛してあげられると、潜在意識の中で、思考が勝手に暴走しなくなります。

「本当はどういう関係をつくっていきたいの?」とか、「本当はなんて言いたかったのかな?」といった感じで自分の怒りにきちんとつきあってあげると、心の奥で欲していた望みがわかるようにもなっていきます。

反対にネガティブな感情にふたをすればするほど、まわりにそれが現れてしまうことになります。押し込めたら押し込めた分、トラブルを起こす人みたいな感じで、そ

の思考が現実に現れてしまうのです。

その結果、人間関係がこじれてしまったり、大変な事態を招くことになります。

迷惑なあの人も自分の思考の結果

この世の中には実にさまざまな人がいます。どの人とも気が合うなんてことはまずありませんし、苦手なタイプの人に悩まされている方もいらっしゃるでしょう。理不尽な上司、いじわるな同僚、ママ友や趣味のグループにいる仕切りたがりのボスキャラなどなど、あなたのまわりにも苦手なタイプが一人や二人、いるかもしれませんね。実際、人間関係で悩んでいる方は多く、私のところにもよくご相談が寄せられます。

そういう〝迷惑な人〟が目の前に現れたら、どのように対処したらいいでしょうか。

よくいわれるのは「距離を置きなさい」というアドバイスです。確かに距離を置くことで離れられるし、ホッとできるかもしれません。けれど、それは根本的な解決にはなっていません。

たとえば、モラハラ上司の存在がつらすぎて転職したものの、転職先にもまた同じようなモラハラ上司がいて、つらい思いをしたという方もいます。

なぜなら、困った人、迷惑な人をつくり出しているのは、自分自身の思考だからです。「いや、そんなことはない。私が自分にとって嫌な人をつくるはずがない」と言われるかもしれませんが、思考のしくみに沿ってちょっと考えてみてください。

・いつも理不尽なことを言われる

⬇**あなたは今まで誰かに理不尽なことを言ったりしたことはありませんか？**

・いつもいじわるをされて困っている

⬇**あなたが誰かにいじわるなことをしたり、困らせたことはありませんか？**

・いちいち疑われる

⬇**あなた自身が、まわりの人を信頼していないのではないですか？**

目の前の困った人、迷惑な人も、自分自身がつくり出したのだと理解できるようになれば、その人を責めたり、クヨクヨと悩んだり、距離を置いたりしなくてすむようになります。その原因が自分の思考だと納得できると、困った現実がなぜかスルスルと変わっていくからです。その人の態度が急に変わるとか、会社なら急な異動でいなくなるといった変化が起こります。

どんな困った相手の中にも、多かれ少なかれ、あなた自身の「困った」要素があります。そうでなければ、絶対にあなたの前に現れません。

誰かにひどく怒鳴られたといったことも、自分の思考がそうさせていることです。潜在意識的には「怒鳴られた」ではなく、「怒鳴らせている」ことになります。私の潜在意識が大急ぎで私に伝えたいことがあるときに「早く気づいて」と誰かを使って怒鳴らせているわけです。

それが腑に落ちていれば、誰かに不愉快なことを言われても、「これは私が自分に言いたいことなんだな」と受けとめられるようになります。**何か嫌なことがあるたびに自分の中の思考を見直していけるようになると、ものごとはかなり良い方向へ循環していきますよ。**

人は小さい頃と同じパターンで人間関係をつくる

私たちは、小さい頃と同じパターンで人間関係をつくってしまうところがあります。それは本当に恐ろしいほどです。

ですから、今、困っている現実があって、それを本気で変えたいと思っているなら、小さい頃のご両親、そしてきょうだいとの関係を見直してみてください。一見、まったく関係ないと思える問題も、掘り下げてみると、お父さん、お母さん、そしてきょうだいに対する何かしらの怒りやわだかまりが根源にあることが多いのです。

人間の脳はだいたい6歳ぐらいまでにできあがって、7歳くらいから理性的な働きを覚え始めます。7歳以下の原始的な脳は、人生の土台になるものを記憶します。6歳までにつきあいのある他者といえば、基本的に家族ですよね。

中でも、小さい頃はお母さんを通して世の中と接することになります。お母さんは人生のベースとなる存在で、すべての面で影響を受けています。**つまり、お母さんを**

どんな人だと感じているかが、世の中の見え方になってしまうのです。お母さんとの関係が良ければ人間関係全般もまた良くなっていきます。

「親ガチャ」という言葉もあるように、たまたま自分は悪い親にあたってしまったと思っている方もいるかもしれません。でも、思考が現実化するしくみを知っていただければ、「たまたま」とか「偶然」はないと理解してもらえると思います。

小さい頃の経験が積み重なって、それが潜在意識にあるわけです。だからこそ、今つらいことがある方は、いったん小学校の段階あたりまで戻ってみて、自分の体験とそこから生まれた思考について、もう一度見直してみてください。

先ほどもお話ししたとおり、私自身がそうでした。幼少期の本当に小さなことをきっかけに、「私は親から愛されていない」という感情をもったまま大人になってしまっていました。でも、よくよく自分のこれまでを掘り下げて考えてみると、親が「字がきれいだ」と褒めてくれたことも思い出しましたし、それ以外でも自分を愛してくれていたんだと実感するような思い出を拾い集めることができました。

それによって両親との関係が改善したのはもちろん、その他の人づきあいも、以前にも増してスムーズになっていきました。

ちなみに、子どもの頃からきょうだいとケンカが多かったという人は、その関係を見直してみるといいと思います。心の中できょうだいとの和解が進むと実際にその関係がスムーズになるだけでなく、職場の同僚など、横のつながりがある人たちとの連携がすごく良くなります。

父親の場合は仕事の上司、会社の社長のイメージとつながります。「わからず屋のお父さんだった」と思っていると、上司や社長に対してそう思っていることが多いのです。もしくは、自分が社長になったとき、部下に「うちの社長ってわからず屋なんだよね」と思われてしまう可能性があります。

女性の場合、お父さんとの関係を見直すと、配偶者や恋人との関係性が変わります。男性だったら母親との関係の見直しで、配偶者や恋人との関わり方が変わってくるはずです。

「ナチュラル見下し」していませんか？

私は「ナチュラル見下し」という言葉をよく使うのですが、本当にごく自然に、ほとんど自覚のないまま他人を見下してしまうところが私たち人間にはあります。

自分と反対の意見を言われたり、自分が望まないことをされると、相手を否定してしまう、ちょっとしたクセみたいなものですね。

「自分の考え方と違う＝ダメなこと」と見なしてしまうというクセです。

けれど、自分の考え方と違うからといって、否定する必要もないんです。というか、自分の考え方と違うことを言ってきても、その人をつくり出してるのは何を隠そう〝私〟です。〝私〟の潜在意識が自分の可能性を広げるために、「違う考え方もあるよ」という可能性を提示してきてくれているわけです。

だから、ハナから見下して否定したり、頭ごなしにやっつけようとしないで、**「なるほど、そういう考え方もあるんだな」「私の中にもそんな考え方があったのかもし**

れないな」と、発想を切り替えて受けとめるようにしてください。これでかなりストレスが軽減されます。

それどころか、自分を知るヒントにもなります。

「実は私の中にそんな恐れのような気持ちがあったんだ」「そういうネガティブさがまだ私の中にあったんだ」と新たな自分を発見することができます。

自分の思考が他人にそう言わせているだけなのです。

仮にあなたが、「新しい事業を始めます」と周囲の10名に宣言したとします。5名の人は大賛成してくれましたが、残りの5名は「やめておいたほうがいい」「お前にはまだ早い」と反対しています。

賛成してくれる人の印象は良くて、あなたは良い気分になります。一方、反対する人に対しては「どうして反対するんだ」とちょっと不快な気持ちになるかもしれません。

しかし、この相反する気持ちも、実は自分の潜在意識の中にあるものなのです。つまり、自分の潜在意識の半分はやりたい気持ちで、でも、半分はまだ怖い、やめておこうかなという気持ちがあるということです。

反対されるということは、客観的に自分を見つめる上でむしろすごく良い手がかりになると思ってください。「否定される＝反発」でなくなると、生きるのがラクになります。いちいち人の意見にカッカしたり、イライラしたりしなくなりますよ。

幸運に恵まれる思考のレッスン

「人に喜ばれることをする」を思考で解説すると

大王様との対談の中で、目に見えない何かに応援される人になるために何をしたらいいかの一つに、「目の前にいる人に喜んでもらえることが大切」というお話がありました。そのことを私の分野である、思考の視点から説明させていただきますね。

ものごとがうまくいかなくて行き詰まっているときの思考は「なぜ私にはこういうチャンスが訪れないの?」「私だけ、なぜ人から良くしてもらえないの?」といった感じで完全にネガティブモード。しかも、与えられることを欲している気持ちが強く押し出てしまっています。

欲しいものはチャンスではなく、お金や称賛かもしれません。いずれにしても「なぜ自分にくれないの」という思考パターンではうまくいきません。流れを変えるなら真逆の思考が必要になります。

つまり、チャンスやお金、称賛など自分の欲しいものが与えられることを求めるのではなく、「目の前にいる人に私ができることは何だろう」「どうしたら喜んでもらえるのかな」という思考に変えるのです。

何度もお話しししているように、自分の思いが現実をつくっていくわけですから、**まわりの人に喜んでもらえることを考えることで、まわりの人が今度はあなたのために何をしてあげられるかなと考えてくれる流れに変わります。**

人に喜んでもらうことを考えたり、実際に行動に移せば、それは必ず自分に返ってくる。それこそが思考のしくみであり、法則なのです。

「最高です！」は自分を上げる最上級のログセ

大王様は、師匠の小林正観さんから「言葉をネガティブからポジティブに変える」

「『ありがとう』をたくさん言う」「笑顔でいる時間を増やす」の3つを教えてもらい、それを実践することで人生が好転したというお話をされていました。

思考のしくみの観点から見ても、自分のネガティブな言葉に気づくことはとても大事です。もしかして、ネガティブな言葉が口グセになっていないでしょうか？

無意識に、何気なく発している言葉は、潜在意識の中に相当たまっています。無意識だから自分でなかなか気づけないのですが、それでもなるべく気をつけてください。もし、自分の口グセがわからなければ、まわりの人に聞いてみてください。

自分の口グセを知り、「それはまずいな」と感じるようなネガティブな言葉だったら、ポジティブな言葉に変換して話すよう心がけてみましょう。

といってもすぐに言い換えができるようにはならないので、かなり意図的に口に出して言うようにしてみましょう。置き換えたポジティブワードが自然に口をついて出てくるようになればしめたものです。

ちなみに私は、この1年で知らないうちに身についていた口グセがありました。それは、

「最高です！」

実は大王様の相方でYouTubeプロデューサーの邪兄《ジャニー》さんこと、小野マッチスタイル邪兄さんの影響なんです。

邪兄さんは何気ない会話の中で、相づちを打つようなところになると「いいですね」「なるほど」「へえ」ではなく、必ず「最高です！」と言うんです。それが

潜在意識で良いなと感じたのか、いつしかうつっていました。私も誰かと話しているときに、「いいですね」ではなく、「最高です！」と言うようになっていたんです。

ふと振り返ってみると、ここ1年間は人生で最も楽しく、豊かに過ごせているんですよね。人との出会いも過去最高で、素敵な人と数多く出会うことができました。人に「最高です！」と言っていると、自分も「最高です！」となるわけです。

そういう意味でもすごく良い口グセになりました。

「うらやましい」は幸せまであと一歩の段階

誰かが成功したり、何かを成し得たという話を聞くと、「良かったね」「いいね」と喜びながらもつい「うらやましいな」と言ってしまう人がいます。

「うらやましい」というのは、思考のしくみを完全に忘れている状態です。

「うらやましい」ほどの人が目の前にいるとしたら、その現実をつくり出しているのは自分自身の思考。つまり、私は「こういうのが欲しい」という思考がまあまあ潜在意識にたまってきているわけです。

ですから、そんな「うらやましい」人が目の前に現れたなら、ヤキモチを焼いている場合ではなくて、自分の思考がかなりいい線までいっている兆しと思ってください。**間もなくあなたも「うらやましい」と思ったものが手に入るぐらいのところまで来ているということです。**

ですから、「おめでとう」「良かったね」と、心から自分事として喜ぶ。そうしているうちに今度は自分がそれを体験して、まわりに喜んでもらえるようなことが現実になります。

ヤキモチは良くありません。「どうせ私には手に入らないですよね」と言っているようなものなんです。ヤキモチを焼いていては、その幸運は他人のところに行ってしまいます。

「うらやましい」と思うものを手にした人が目の前に現れたら、ヤキモチを焼くのではなく、「まもなく私のところにもやってくる。かなりいい感じなんだ！」と心の中でガッツポーズしましょう。

人生を成功にナビゲートする思考法

「好き」こそ最強の強運ツール

大王様との対談で現実を好転させる言葉として「ありがとう」についてお話ししましたが、私はここでもう一つ、「好き」という言葉を加えさせていただきたいと思います。

無意識ですが、私たちは知らず知らず「好き」を原動力にして行動しています。
たとえば、いくつもある美容院から、あなたが行きつけのサロンは何を基準にして選んでいますか? 雰囲気が好き、店員さんが好き、世界観が好き、料金がリーズナブルだから好き……といった具合に、自分の「好き」を基準にしているのではないでしょうか。

あの監督が好きだから、あの映画を観に行く。

あの景色が好きだから、あそこへ旅行する。

あの人が好きだから、会いに行く。

はたまた大好きなアーティストを追っかけるためなら、バイトの掛け持ちもぜんぜん平気といった具合に、好きなことのためだったら頑張れることはたくさんありますね。

「好き」がこんなにパワフルなのは、非常に主体的で積極的な思考だからです。

反対に誰かから強制されてやらされているとしたら、どうでしょう？　パワーもやる気も湧きませんし、そんなに頑張ることはできませんよね。

ただ、そうわかっていても、私たちはつい自分の「好き」よりも、世間の「こうあるべき」「こうしなければいけない」に縛られがちです。

「もう大人なんだから、ちゃんとしなければいけない」「社会人として、その行動は恥ずかしい」などといった考えにとらわれてしまった結果、自分の本音がわからなくなってしまい、人生がつまらなく感じたり、イライラが募ってしまったりします。

そこで提案。好きなこと、好きな場所、好きなもの、好きな人、好きな音楽などなど何でもいいので、あなたの「好き」のありったけを書き出してみましょう。

書き進めるうちに、顕在意識ではすっかり忘れていた「好き」を思い出し、潜在意識に「好き」の思考をため込むことができます。特におすすめなのは夜寝る前にやることです。思考は寝ている間に潜在意識にしっかり組み込まれるため、効果が大きいのです。

ほどなく、あなたが「大好き」「うれしい」「心の底からワクワクする」と感じることがきっと次々に起こり始めます。

潜在意識を信頼すると、良いことの連鎖が起こる

心身はもちろん、物質的な面でもずっと幸せでいられる、ずっと成功し続けていくためには、まわりの人が応援してくれる、助けてくれるということもすごく大事なんです。自分一人で突っ走って成功をつかんでも長続きはしません。

では、まわりから助けてもらい続ける人生にするためには、どうすればいいと思いますか？

私は次の3つの段階を踏むことで、それを実現できるようになると考えています。

まずは目の前の問題を自分で解決するということです。そもそもなぜ、自分がこういう大変なトラブルをつくり出してしまったのかをしっかり理解して、そのトラブルを自分で片づけられるようになる。それが第1段階になります。

2つ目は、「私はこうなりたいな」「あれを手に入れたい」などの思考を積み重ね、そのための行動を積み重ねて手に入れるという段階です。自分の思いによって願っていることを実現するといった感じです。

そして、その段階もクリアすれば、最終的には3つ目の段階として「願ったらかないました」ではなくて、向こうから良いことがやってきてくれるという境地にたどりつくことができます。

たとえば、いい話を持ちかけられたり、「これあげるよ」と何かをもらったり。願っていなかったのに、思いがけず良いことが向こうから勝手にやってきてくれるといったことが起こり、「私の願いはこれだったんだな」と気づくような感じです。

この3段階までに達しているということは、自分のまわりの人たちの存在も日々の出来事もすべて、自分の潜在意識から起きていると思えているということ。つまり、自分の潜在意識を信頼している証拠です。

私の世界は、私がつくり出しているんだから、安心で安全だと感じられていることになります。

潜在意識は過去の自分の思考の集大成です。

だから潜在意識を信頼できるということは、過去の自分のさまざまな思いを全肯定することにもなります。

そういう心の状態になれたときに、ある日突然、自分にとって最高&最善のものが、どこからかやってくるようになります。

潜在意識の中でもとりわけ自分の良い部分が、現実にどんどん現れるようになってきます。その状況をつくるために、まずは先ほどお伝えした第1段階から実践していくことが大切です。

困ったときになぜか助けが入る、助けられるというのは、自分の潜在意識を絶対的に信頼しているから起きることです。**思考が現実化するしくみがわかっていると、攻撃や否定の思考がどんどん減っていきます。その代わりに感謝の気持ちが増えていくので、おのずと助けられることも多くなるのです。**

直感で「何となくやめたほうがいい気がする」とか、「これはやっておいたほうがいいかも」とひらめいたり、思ったりすることがありますよね。この直感も潜在意識からのメッセージです。良い直感を得るためには、やはり潜在意識を信頼できるようになることがポイントです。

ご主人の収入がアップする魔法の思考法

お金がなかなか増えないので家計が苦しい、金運をアップしたい……。

そう願っている人も多いので、思考の視点から金運アップの方法もお伝えしたいと思います。

私のところにもお金の相談は多いのですが、たいていは奥様が「夫の給料がいつまで経っても上がらない」「うちのダンナは出世競争に敗れた負け犬なんです」などといった具合に、ご主人のことを言いたい放題。でも、このご主人への決めつけが、その現実をつくってしまっています。

解決策としては、「給料が上がらないダンナをつくったのは私なのだ」と気づくことです。そして、先ほどの「気づく」「認める」「あやまって感謝する」を実践すべく、まずはご主人の良いところを書き出してみましょう。

・子どもの面倒を見てくれる。
・何だかんだと言いながらも、私のことを尊重してくれる。
・給与はすべて私に渡してくれる。

こうして書き出してみると、なかなか素晴らしいご主人だと「気づく」ことができます。その素晴らしさを「認めて」、「今まで文句ばかり言ってごめんなさい。いつもありがとう」と心の中であやまって感謝しましょう。

私に相談してくださった方々は、これを実践したことでほぼ100％、ご主人の収入がアップしました。

中には、定年退職後、嘱託で働いていたご主人の給与が大幅にアップしたという方もいました。こんなことって滅多にないですよね。

お金にまつわるさまざまなケースを見てきて私が確信していることがあります。それは、「お金は、身近にいる誰かを尊敬したり、存在価値を認めて大切にしたとき、突然入ってくる」ということです。

ご主人をはじめ家族のこともそうですが、一番尊敬すべき存在、そして存在価値を認めてあげてほしいのは自分自身です。

「私なんか……」と自分を卑下しているうちは、お金は入りません。自分の価値を上げれば、その価値の高さに見合ったお金がザクザク入ってきます。

では、自分を卑下するのではなく、自分を〝上げて〟、金運をさらにアップさせるためにはどうすればいいか。

これは大王様とまったく同じ意見なのですが、**まずは部屋を掃除することです。モノがあふれ、ごちゃごちゃしている部屋は自分自身を雑に扱っているのと同じです。**

誰がいつ来ても恥ずかしくないよう、部屋を片づけておきましょう。そして自分を超VIPだと思って部屋をいつもきれいな状態にしておきましょう。

それと、あなたが理想とする幸せそうなお金持ちがいたら、できる限り会う回数を増やすことも大切です。その人が行きそうな場所へ行ってみるのも良い方法です。**自分の思考にないものは現実化しません。理想の人の立ち居振る舞い、暮らし、考え方をしっかり潜在意識に刻むことも、金運アップには非常に大切なことです。**

お金を使うときは感謝をもって気持ち良く

お金に困っているときって、「ああ、また減っちゃう」と思ってお財布からお金を出していませんか？

お金は対価交換なので、支払うと同時に何かをいただいているわけですよね。だから、このお金を払うことでこんなサービスを受け取ることができた、「ありがとうございます」と感謝しながら、気持ち良く支払うことが大切です。

お金にも思考の法則が働きます。つまり、自分がお金を気持ち良く払えば、今度は、〝自分が受け取る〟という現実になるわけです。私だったら「大石さんにお金を払うのはとてもうれしいです。ありがとうございます」という現実をつくることになるわけですね。

反対に、「こんなにお金がない私から、お金を取る気？　奪う気？　また減ってしまうじゃない」などと思って支払うと、今度は「大石さん、そんなに私からお金を取るんですか」とか「大石さんにお金を支払うのは嫌だ」という人が現れることになってしまいます。

ですから、お金を支払うときは感謝をもって気持ち良く払うことが大切なのです。

あとがき

この本を最後までお読みいただき、心から感謝申し上げます。私と洋子師匠の旅にご一緒いただき、誠にありがとうございました。目には見えない、しかし確かに存在するものへの接し方はそれぞれかもしれませんが、根底にあるメッセージは共通していることを感じ取っていただけたでしょうか。

私は幸運を手繰り寄せたく、さまざまな方法をありとあらゆる角度から試みてきました。そのスタンスは死ぬまで変わりません。成功者たちの魅力的な振る舞いを目にするたび、「どうすればこんなに素敵になれるのか」と考え、自問自答し、彼らを真似てみました。

彼らの思考、言葉遣い、動作、表情、そして行動を観察し、自分も取り入れられる部分を実践してきました。

開運は技術なのです。素晴らしい人々の素晴らしい側面を取り入れることで、運気は自然と向上していきます。なぜなら、自分が放つものはすべて自分に戻ってくるからです。

人生はブーメランの法則です。

良い習慣を身につけることで、あなたの人生も明るい方向へと開かれます。

私が尊敬する故・小林正観さんは、よくこう言っていました。

「人生で最も楽しいのは、想定外の世界を生きることだ」

最初はこの意味がわかりませんでした。日常の習慣に従って生きていれば、想定外の出来事など、めったに起こらないからです。

しかし、私は人生を変えたくて、できることなら想定外の人生を体験したいと強く望みました。正観さんから学んだ3つのことを実践し始めてからたった3週間で、自分が想定外の世界にいることに気づきました。それは非常に楽しく、充実した経験でした。

そこに導いてくれた師匠やまわりの人々には、本当に感謝しています。


洋子師匠は、想像を絶するほどユニークな人生を楽しく生きています。彼女の人生の一部、特に神様のお使いとして活動していることに驚かれるかもしれません。しかし、その話を聞いて、私は驚きと同時に深い感動を覚えました。霊感がない私には想像もつかないほど、彼女はおもしろおかしく、素晴らしい人生を歩んでいます。そんな洋子師匠との出会いに、深く感謝しています。

私たちに共通するのは、人や本との出会いが自分の視点を変え、人生を大きく左右してきたことです。これからもワクワクしながら、日々精進して過ごす所存です。

もちろん、人生には喜びも、悲しみや理不尽な現象も降りかかりますが、すべての現象には意味があるのです。良き実践をしていくしかないのです。

開運はあなたの一歩踏み出す勇気から始まります。まずは一歩踏み出して挑戦してみてください。必ず何かが変わるでしょう。私たちが紹介する方法は、難しいものではありません。誰もが実践できることです。実際に私たち自身が体験し、その効果を実感しています。

この本を読んで、「これならできるかも」と思ったら、ぜひ実践してみてください。あなたの人生は確実に変わります。

目に見える方々、目に見えない方々に支援・応援されてからが、本当の人生が始まると思っています。あなたが実践した先にどんなストーリーが始まるのか、ワクワクして待っていてください。今度はあなたの想定外なストーリーをぜひ聞かせてくださいね。

私は楽しみに待っています。

それではまたいつかどこかで

アディオス！

2024年3月

櫻庭露樹

櫻庭露樹（さくらば つゆき）

スピリチュアル研究家　開運研究20年の開運ユーチューバー
青森県三沢市生まれ。幼少期の極貧生活により、小学三年生から新聞配達（朝夕刊）集金営業をこなしながら、9歳から2つの不労所得を得るビジネスプランを完成させる。小学生時代に稼いだ金額は1,000万円超え。24歳で起業後、店舗経営をはじめ、10店舗まで右肩上がりに成功させたのち売却。その後、自由が丘と溝の口に水晶天然石の店舗AMERIをオープン。現在は自らの事業展開の他、各所の著名大企業からヘッドハンティングされ社外取締役などを務めながら、世界中の富豪層からも愛され、何かと声をかけられる摩訶不思議な強運の持ち主、人呼んで開運マスター。YouTube登録者数26万人、SNS総フォロワー数40万人を誇る。著書に、『世の中の運が良くなる方法を試してみた』『全捨離したら人生すべてが好転する話』『金運がアップするすべての方法を試してみた』（以上、フォレスト出版）、『天下無敵のご縁術』（幻冬舎）、『金運が爆上がりするたこ星人の教え』（KADOKAWA）などがある。

公式ウェブサイト　https://tsuyuki-sakuraba.jp/
櫻庭露樹のYOUTUBE　運呼チャンネル
https://www.youtube.com/channel/UCVMtuJGkv1Q7t9LXfVF2E6Q

大石洋子《おおいしようこ》（宮増侑嬉《みやますゆき》）

一般社団法人 思考の学校 校長
30歳の時に息子を授かったが、夫の仕事が忙しくワンオペ育児によって産後鬱に。出産前に自宅でしていたアロマサロンを再開したものの業務に追われ夫との関係が悪化し、離婚――。人生が八方塞がりとなる。その後、「思考が現実化」する仕組みを学び、実践した結果、スルスルと現実がよい方向へ。「思考が現実化」する仕組みを多くの人に知ってもらいたいと考え、一般社団法人 思考の学校を立ち上げる。10年以上ものカウンセリング経験に基づいたわかりやすい解説が好評を得て、現在はカウンセリングと認定講師養成講座をメインに開催している。「思考の学校」の受講生は1万人を超える。著書に、『宇宙一ワクワクするお金の授業』（すばる舎）、『7日間でなりたい私になれるワーク』（あさ出版）、『気づくだけで人生が好転する思考のレッスン』（ビジネス社）がある。

ブログ　https://ameblo.jp/ariettyarietty/
思考の学校 公式HP　https://shikounogakkou.com/
思考の学校 YouTube　https://www.youtube.com/@yokoooishi

思考の学校について詳しく知りたい方はこちらへ
https://shikounogakkou.com/online/lp/book/

超開運法 神さまに応援される人になる

2024年 4月11日 第1版発行

著 者 櫻庭露樹
大石洋子（宮増侑嬉）
発行人 唐津 隆
発行所 株式会社ビジネス社
〒162-0805 東京都新宿区矢来町114番地 神楽坂高橋ビル5階
電 話 03(5227)1602（代表）
FAX 03(5227)1603
https://www.business-sha.co.jp

印刷・製本 株式会社光邦
カバーデザイン 谷元将泰
本文デザイン・DTP 関根康弘（T-Borne）
イラスト イケウチリリー
営業担当 山口健志
編集担当 山浦秀紀

ISBN978-4-8284-2612-9